ÉTUDE

SUR

LES CRISES

PAR ÉMILE BERTIN

DOCTEUR EN MÉDECINE

Chef-Interne des hôpitaux civils et militaire de Nîmes ; Professeur particulier d'Accouchements à la Maternité
de la même ville ; Ancien Interne supplémentaire de l'Hôtel-Dieu Saint-Éloi de Montpellier (1853 et 1854) ;
Ancien premier-Élève de l'École-Pratique de Chimie (1852) ; Ancien Élève de l'École pratique d'Anatomie
et d'Opérations Chirurgicales (1852) ; Membre titulaire de la Société de l'Instruction Mutuelle et de la
Société Médicale d'Émulation de Montpellier.

Medicus naturæ minister non imperator,
HIPPOCRATE

L'homme ne commande à la nature
qu'en lui obéissant.   (BACON.)

MONTPELLIER

TYPOGRAPHIE DE BOEHM, IMPRIMEUR DE L'ACADÉMIE

1858

ÉTUDE

SUR

LES CRISES

PAR ÉMILE BERTIN

DOCTEUR EN MÉDECINE

Chef-interne des hôpitaux civils et militaire de Nimes ; Professeur particulier d'Accouchements à la Maternité
de la même ville ; Ancien interne supplémentaire de l'Hôtel-Dieu Saint-Éloi de Montpellier (1855 et 1856) ;
Ancien premier-élève de l'École-Pratique de Chimie (1851) ; Ancien Élève de l'École pratique d'Anatomie
et d'Opérations Chirurgicales (1852) ; Membre titulaire de la Société de l'Instruction Mutuelle et de la
Société Médicale d'Émulation de Montpellier.

Medicus naturæ minister non imperator,
HIPPOCRATE.

L'homme ne commande à la nature
qu'en lui obéissant.   (BACON.)

MONTPELLIER

TYPOGRAPHIE DE BOEHM, IMPRIMEUR DE L'ACADÉMIE
—
1858

A MES PARENTS.

A mes Amis.

E. BERTIN.

A MON ONCLE

Eugène **BERTIN**,

Professeur - Agrégé de la Faculté de Médecine, Médecin des
Prisons cellulaires, Membre Titulaire de l'Académie des
Sciences et Lettres de Montpellier, etc., etc.

É. BERTIN.

A M. PLEINDOUX aîné,

Chirurgien en Chef des hôpitaux, et Professeur d'Accouchements à la Maternité de Nimes, Chevalier de la Légion
d'Honneur, etc., etc.

Vous avez ouvert pour moi deux livres bien précieux : votre immense instruction et votre clientèle si considérable ; en vous dédiant mon premier travail, je n'exprime que bien faiblement toute la reconnaissance que j'éprouve d'un aussi grand service. Mais vous avez été pour moi plus qu'un illustre maître, vous avez été un ami plein d'affection et de bonté ; pour l'intérêt que vous m'avez constamment témoigné, j'ai inscrit votre nom sur une autre page que celle-ci, et votre souvenir ne s'effacera jamais de mon cœur.

É. BERTIN.

À Messieurs

FONTAINE,

Ex-Chirurgien en chef;

RÉVEIL, MUTRU & TRIBES,

Médecins et Chirurgien en Chef des Hôpitaux de Nîmes.

É. BERTIN.

A Monsieur JAUMES,

Professeur à la Faculté de Médecine, Chevalier de la Légion
d'Honneur, Membre de l'Académie des Sciences et Lettres
de Montpellier, Président de la Société Médicale d'Émulation de la même ville, etc., etc.

A Monsieur ANGLADA,

Professeur à la Faculté de Médecine, Membre titulaire de l'Académie
des Sciences et Lettres de Montpellier, etc., etc.

*Humble témoignage d'admiration
et de vive reconnaissance.*

É. BERTIN.

A MES MAÎTRES.

É. BERTIN.

INTRODUCTION

C'est une question difficile et délicate que le choix d'un sujet de thèse inaugurale. L'élève qui doit la résoudre jette ses regards indécis, tantôt vers cette école où la démonstration des principes et l'exposition des lois lui apparaît comme le faîte de la science, comme le véritable domaine du savant; tantôt vers cette clientèle où il se voit déjà distribuant soulagements et guérisons, avec toute l'assurance d'un homme qui n'a pas appris à se défier de ses ressources. La théorie lui semble plus attrayante à étudier, plus séduisante à dépeindre; la pratique lui paraît être une matière moins dangereuse à manier, et plus directement utile à ses futurs succès, quand il n'a pas en outre la prétention d'y ajouter sa pierre; il est là, comme un voyageur qui hésite entre deux pays : l'un d'eux est plus fertile et les routes y sont larges et sûres, mais le paysage est monotone; l'autre, au contraire, présente les sites les plus pittoresques, les plus beaux chefs-d'œuvre de la nature, mais les chemins sont

2

entrecoupés par des rochers, des torrents, et de nombreux précipices.

Le choix de ce dernier a prévalu dans notre esprit, non pas que nous nous soyons senti la force de surmonter ses périlleux obstacles, mais parce que nous n'avons pas eu celle de résister à ses séductions. Pourtant nous n'avons pas entrepris avec autant de témérité que l'indiquerait cet aveu, une route contre les dangers de laquelle nous semblons aussi peu prémuni. Nous avions un guide et un guide illustre, qui connaît si bien ce pays redoutable de l'abstraction et qui le parcourt avec tant d'assurance et avec tant d'éclat ! Quand on entend sa parole, il semble que toutes les difficultés s'aplanissent, et on se laisse aller à le suivre en fermant les yeux devant les écueils.

D'ailleurs, que notre travail atteigne ou non le but que nous nous sommes proposé, il ne peut éviter d'avoir un résultat utile : si nous avons reproduit fidèlement la pensée de notre professeur, nous aurons servi d'intermédiaire à l'exposition d'une belle et féconde doctrine ; et si nous avons eu le malheur d'échouer, nous aurons fait sentir à notre Maître la nécessité de publier un ouvrage que le monde médical attend avec une si grande impatience.

ÉTUDE

SUR

LES CRISES

~~~❧~~~

PREMIÈRE PARTIE

~~~❧~~~

HISTORIQUE

—

PRÉLIMINAIRES.

L'usage a presque fait une obligation à celui qui entreprend d'exposer un sujet médical, d'asseoir les bases de son travail sur les témoignages des siècles passés ; loin de nous soustraire à cette règle, nous voulons au contraire, en montrant qu'elle acquiert dans certains cas une importance majeure, présenter cette considération comme excuse pour la part, peut-être un peu trop large, que nous lui avons faite dans ce travail.

Tout ce qu'on peut dire en médecine, science essentiellement inductive, a rapport à des faits qui en sont le fondement, ou à des lois générales qui en constituent la doctrine. L'étude des anciens, au point de vue des premiers, après avoir satisfait ce légitime sentiment qu'on pourrait appeler curiosité scientifique, ne présente pas d'ailleurs d'utilité saillante; on n'ira pas chez eux s'exercer à reconnaître et à traiter les maladies, et, malgré les frappantes vérités qu'elles contiennent, ce n'est pas comme traité de pathologie interne que se recommandent les œuvres immortelles d'Hippocrate.

Mais les faits ne sont pas tout en médecine : « les » faits sont sans doute, dit M. le professeur Anglada, » des matériaux indispensables ; qui le conteste? Mais » il ne suffit pas de les juxtaposer et d'en faire la » somme. Il faut en chercher le sens, en découvrir » les rapports, en fixer la coordination ; à ce prix seu- » lement on en fera sortir une science[1]. »

Or, tandis que pour une analyse exacte nos moyens actuels d'investigation, déjà si perfectionnés, sont à peine suffisants, la synthèse est soumise à de tout autres conditions. Quoi qu'en pense M. Houdart[2], ni le nombre des faits, ni leur connaissance minutieuse et complète, ne sont absolument indispensables

[1] Anglada ; De la pathologie, de son objet, etc., pag. 28.
[2] Houdart; Études histor. et crit. sur la vie et la doctrine d'Hippocrate, pag. 97 et suiv.

à la découverte des lois générales qui les régissent.

Le nombre des faits rend sans doute l'induction plus sûre et plus facile; mais on ne peut soutenir que la supériorité d'une théorie lui soit rigoureusement proportionnelle; le génie peut suppléer à leur rareté, et la force de généralisation dans un grand esprit est comme le talent de l'artiste, qui domine la mauvaise qualité de ses matériaux et de ses instruments.

La manière dont les faits sont observés est encore, il faut en convenir, une condition importante; et les moyens dont disposent les modernes pour la remplir, établira toujours leur supériorité quant aux résultats immédiats de cette observation; mais, répétons-le, si l'on voit avec les sens, on conclut avec l'esprit; et si l'intelligence s'agrandit par nos découvertes successives, le génie du moins ne reconnaît pas une pareille origine. On a dit que l'histoire d'une science était celle de l'esprit humain [1]; cela n'est pas absolument vrai : tandis que l'esprit humain procède avec tâtonnement et s'accroît par une progression lente et régulière, la série des découvertes scientifiques a suivi une marche toute différente et comme désordonnée; l'esprit humain entre en possession successive de chacune des vérités qu'il recherche, à des heures exclusivement fixées par le rapport de son travail et de son aptitude, et l'histoire, dédaignant cette route monotone, nous

[1] Cruveilhier; Discours sur l'histoire de l'anatomie, pag. 1.

fait briller aux époques les plus inattendues les grandes figures d'un Hippocrate ou d'un Galien.

Ainsi donc l'étude des anciens peut offrir, au point de vue de la théorie, des avantages qu'elle ne présente pas d'une manière aussi complète, au point de vue des détails.

Et quand même les doctrines anciennes seraient aujourd'hui trop vieilles, ou de forme ou de fond, l'antiquité reste encore comme un vaste sujet d'exercice, comme une grande et instructive école pour l'esprit qui veut seulement apprendre à penser. C'est en comparant les procédés aux résultats, c'est en s'identifiant avec les grands maîtres, pour parcourir à leur côté tout le chemin de leurs découvertes, qu'on se familiarise avec la voie qu'ils ont suivie; car la voie peut être bonne quand bien même le terme en serait faux. N'y aurait-il que cet avantage à une pareille étude; ne rapporterait-on de l'aride et pénible lecture des anciens rien autre chose qu'une méthode rigoureuse et puissante, qu'on devrait encore se féliciter d'une semblable acquisition. La méthode, en effet, est indispensable à celui qui étudie les sciences, comme elle est indispensable à celui qui les crée; et sans elle, de même que la médecine ne serait qu'un immense désordre de faits, sans liens, sans conséquences, sans utilité pratique, parce qu'elle serait sans doctrine, de même l'esprit de son adepte ne représenterait qu'un chaos informe de détails inutiles à l'intelligence et fatigants pour la mémoire, parce qu'ils seraient sans classification.

L'histoire d'une idée médicale nous paraît donc pouvoir être spécialement utile ; mais il faut pourtant que cette idée soit assez vaste, assez générale, pour ne pas nous obliger à scinder les travaux des anciens en fractions indéfinies ; aussi nous empressons-nous d'observer que sous le terme en apparence restreint. de *crises,* se rassemble à nos yeux une large étendue de la doctrine médicale. La théorie des crises implique celle de la coction longtemps regardée comme son moyen, de la force médicatrice comme sa cause, enfin, de la médecine expectante comme son résultat; et une pareille alliance, en justifiant la prétention que nous venons de faire valoir pour notre titre, nous semble lui mériter les honneurs d'un historique.

CHAPITRE I.

HIPPOCRATE ET GALIEN.

Les doctrines de l'humorisme, de la coction et des crises, aussi anciennes que la médecine, remontent jusqu'à Hippocrate, et furent portées par ce grand observateur au plus haut degré de perfection et de vogue qu'elles acquirent dans l'antiquité.

L'idée dont elles émanent est frappée au coin du génie.

Tandis qu'à côté de lui, dans une école rivale, les Cnidiens s'évertuaient à décrire minutieusement tous les symptômes d'une maladie, multipliant à l'infini les espèces nosologiques, Hippocrate leur oppose un système de généralisation dont les conséquences seront plus fécondes; il embrasse d'un regard toutes ces espèces diverses, et, négligeant pour un instant ce qui constitue leur différence, il les identifie au nom de leur cause commune et unifie la pathologie.

« Quelques-uns n'ont ignoré, dit-il, ni les diverses » faces que présentent les maladies, ni leurs divisions » multiples; mais voulant démontrer avec exactitude » les variétés de chaque maladie, ils se sont égarés. » Car, sans doute, le dénombrement ne serait pas » facile, si, pour le caractère du partage d'une maladie » en espèces, on recherchait en quoi un cas diffère d'un » autre, et si, à chaque affection qui d'après ce prin- » cipe ne paraîtrait pas identique, on imposait un nom » qui ne fût pas le même[1]. »

Ce n'est plus, suivant sa nouvelle méthode, une pleurésie, une pneumonie, une fièvre qu'il observe et qu'il analyse, c'est la nature vivante altérée par les causes extérieures dont il contrôle les actes sous l'influence de ce stimulus morbide, et dont il signale attentivement les lois et les tendances; et c'est dans ce

---

[1] Hippocrate; Du régime dans les maladies aiguës, éd. Littré, tom. II, pag. 227.

sens qu'il dit, en terminant son Traité du pronostic : « Il
» ne faut demander le nom d'aucune maladie qui ne
» soit pas inscrit dans ce traité ; car toutes celles qui
» se jugent dans les intervalles de temps indiqués , se
» connaissent par les mêmes signes[1]. »

Les conséquences de cette généralisation devaient
être la doctrine de la coction et des crises.

« Qui peut, s'écrie un ancien professeur de cette
» école, ne pas s'arrêter un moment avec complaisance
» sur le siècle d'Hippocrate, sur cette ère brillante
» pour la médecine, où l'école de Rhodes avait jeté un
» éclat passager, ou celles de Cnide et de Cos étaient
» en concurrence , et où la balance tomba bientôt du
» côté de cette dernière, par l'ascendant que prit enfin
» et que devait prendre le génie qui se suffit à lui-
» même pour créer et illustrer l'art de guérir[2] ! »

Combien la contemplation de ce siècle est plus
intéressante encore, quand on se retrouve sur le même
terrain que les discussions scientifiques parcourent
aujourd'hui. Ne sommes-nous pas bien près, en effet,
de ce grand mot de principe vital qui fait le sujet de
tant d'attaques ; entre l'unité pathologique, entre la
nature cause de toutes les maladies, et le dogme de
Barthez, il n'y a, convenons-en, qu'une différence de

[1] Hippocrate ; Pronostic, 25 ; éd. Littré, tom. II, pag. 191.
[2] Baumes ; Discours apologétique sur Sydenham , pag. XI, dans
le tom. I de son édit. des Œuvres de Sydenham.

langage. Et la doctrine des crises, qui doit faire le sujet de ce travail, nous allons la voir aussi, sauf quelques diversités dans son interprétation, servir de fondement à l'école hippocratique, comme elle sert de bannière au vitalisme moderne ; de sorte qu'en ayant égard à l'état des connaissances, à l'esprit de l'époque, en faisant la part de ce qu'on pourrait appeler sa constitution scientifique et intellectuelle, on retrouve à plus de vingt siècles de distance, entre deux écoles de la Grèce, une lutte exactement semblable à celle qui règne entre Montpellier et Paris.

L'idée de crise se rencontre à chaque pas dans les œuvres d'Hippocrate : il n'est pas une observation où les phénomènes et l'heure des crises ne soient exactement notés ; il n'est pas une œuvre théorique qui ne fasse mention des lois qui les régissent ; de sorte qu'en ouvrant au hasard un chapitre de cette immortelle collection, on est sûr de tomber sur une application pratique ou sur une exposition générale du sujet qui nous occupe. Voilà donc, en pillant çà et là dans ses ouvrages, l'ensemble et le résumé de sa doctrine.

Le Père de la médecine admettait quatre humeurs dans le corps de l'homme : le sang, la pituite, la bile jaune et la bile noire ; les humeurs mélangées en juste proportion constituaient la crase, condition indispensable de la santé. Ce mélange en juste proportion doit s'entendre comme la neutralisation mutuelle des qualités diverses de ces substances.

« Dans le corps, en effet, se trouvent l'amer, le
» salé, le doux, l'acide, l'acerbe, l'insipide et mille
» autres dont les propriétés varient à l'infini par la
» quantité et par la force. Ces choses mêlées ensem-
» ble et tempérées l'une par l'autre, ne sont pas mani-
» festes et ne causent pas de souffrances ; mais si l'une
» d'elles se sépare et s'isole du reste, alors elle devient
» visible et cause de la douleur [1]. »

L'intempérie existe donc quand ces humeurs sont
altérées dans leurs proportions et leurs qualités, et ce
défaut d'équilibre constitue la maladie.

L'altération des humeurs est produite par les causes
externes, qui varient selon les climats et les saisons :
en hiver c'est la pituite qui domine, le sang au printemps, en été la bile, et l'atrabile en automne. Cette
altération s'appelle crudité, et l'intolérance qu'elle
suscite est le caractère de la première période des maladies. L'intolérance s'annonce par la sécheresse et
l'âcreté de la peau, du malaise, de l'anorexie, de la
fièvre, et un état particulier des excrétions telles que
les crachats, l'humeur du nez, les urines, etc.

Pour que la guérison de la maladie s'établisse, il
faut que les humeurs crues subissent de la part de la
chaleur intérieure ou de la nature, une élaboration
qui consiste à les épaissir, à atténuer leur qualité do-

---

[1] Hippocrate ; Ancienne médecine, 14 ; édit. Littré, tom. I,
pag. 603.

minante : c'est la période de coction , qui s'annònce
également par des signes spéciaux. La chaleur de la
peau devient plus douce, l'éréthisme général s'amende,
les fonctions s'exécutent avec plus de calme , la langue
s'humecte et les matières excrétées commencent à chan‑
ger d'aspect.

Enfin , rendues propres à être complètement éva‑
cuées , les humeurs cuites sont éliminées avec fracas ,
et ce temps , dernière période de la maladie, constitue
la crise.

« Les accidents ne prennent fin que lorsque les aci-
» dités ont été épurées , calmées, tempérées par le
» reste [1]. »

Crudité , coction , crise , telles sont donc les trois
phases par où passent les maladies; telles sont leurs
trois périodes d'après Hippocrate.

Le Père de la médecine a donné de la crise une
autre interprétation : « Une crise , dit-il , c'est ou une
» exacerbation , ou un affaiblissement , ou une métap-
» tose en une autre affection, ou la fin [2].» Mais cette acception, toute différente de la première, n'était qu'une
extension du sens primitif du mot , et ne doit pas nous
occuper ici.

« Pendant la durée des maladies, c'est la crise que
le médecin aura constamment en vue ; l'intensité, la

---

[1] Hippocrate; *loc. cit.*, 19 ; éd. Littré, tom. I, pag. 619.
[2] Hippocrate; Des affections, 8 ; éd. Littré , tom. VI, pag. 217.

gravité des symptômes pendant la crudité, la durée de cette période, rendront plus ou moins probable, plus ou moins prochaine une issue favorable. Quand la coction s'établira, des phénomènes précurseurs annonceront la crise et permettront de prévoir si elle sera complète ou incomplète, heureuse ou funeste, par quelle voie et quel jour les humeurs seront éliminées ; ceci nous conduit naturellement à parler des jours critiques.

La durée des maladies correspond à des septénaires ; régulièrement, une maladie aiguë devrait avoir au septième jour une crise terminale annoncée par l'établissement de la coction au quatrième. Si la nature n'a pas la force de vaincre en si peu de temps la crudité des humeurs, alors ce sera plutôt le quatorzième que se fera la crise annoncée le onzième. De là l'institution des jours critiques et des jours indicateurs. Les jours critiques se comptent de sept en sept, à partir du début de la maladie, et les indicateurs s'établissent trois jours avant eux. La troisième semaine fait exception ; elle ne commence pas, comme la seconde, le jour qui succède à la précédente, mais bien le jour qui la termine, et c'est ainsi que le quatorzième jour est à la fois la fin du deuxième septénaire et le commencement du troisième ; voilà pourquoi le vingtième jour se trouve critique et le dix-septième indicateur. Cette période de vingt jours, comprenant trois septénaires, se renouvelle indéfiniment ; mais après la seconde la maladie devient chronique.

La crise, quand elle ne se fait pas aux jours men-
tionnés, peut se faire aux jours indicateurs. Il n'y a
d'ailleurs rien d'absolu dans les lois d'Hippocrate;
lui-même annonce que c'est bien là ce qui se passe
dans la généralité des cas, mais que tous les jours
peuvent voir arriver la crise. Habituellement, quand la
crise se fait en dehors des jours qui lui sont réservés,
elle est funeste ou incomplète, et une crise incomplète annonce une rechute.

Il n'y avait, au reste, rien de vague dans les calculs
d'Hippocrate, quoi qu'en dise Bordeu[1]. S'il est vrai
qu'il pouvait se trouver embarrassé, pour fixer dans
certaines maladies le moment du début, c'est qu'il se
heurtait en cela contre des difficultés souvent insur-
montables; mais il était bien établi dans sa doctrine
que le jour de l'invasion, à quelque heure que la maladie eût commencé, représentait un jour entier dans
le compte des septénaires.

Fidèle aux conséquences de sa doctrine, Hippocrate formula sur elle de nombreux préceptes qui eurent dans l'antiquité force de loi, et dont beaucoup
restent encore debout aujourd'hui, à la fois pour gui-
der notre pratique et consacrer l'admiration que nous
devons à ce grand médecin. Il jeta donc les fonde-
ments de la médecine expectante. Plein de foi dans

---

[1] Bordeu; Recherches sur les crises; Œuvres compl., tom. I,
pag. 214.

cette puissance de la force médicatrice, il recommanda
de suivre et d'écouter la nature, non pour rester dé-
sarmé devant elle à compter les jours et à observer les
urines, comme Broussais le lui reproche ; mais pour
la diriger en lui obéissant, pour favoriser les crises
qui se font mal, pour provoquer celles qui restent en
retard, et dans tous les cas pour ne pas contrarier ses
instincts utiles.

« Les humeurs qu'il faut évacuer, les évacuer du
» côté où elles tendent le plus, par les voies conve-
» nables[1]. »

Tant que durèrent la gloire de la Grèce et le règne
de ses institutions, l'école de Cos prima toutes les autres, et les dogmes d'Hippocrate, après l'avoir emporté
sur les sentences d'Euriphon, restèrent en pleine vigueur. Dioclès et Archigène font subir à la théorie des
jours un léger changement, en remplaçant le vingtième
par le vingt et unième dans la série des septénaires,
mais aucune voix ne s'élève pour en combattre le principe. Après les batailles de Leuctres et de Mantinée,
l'essor si rapide des sciences et des lettres, dont la
Grèce était le foyer, se trouva pour longtemps éteint,
et ce n'est qu'avec la formation des bibliothèques en
Orient, dont celle d'Alexandrie fut une des premières,
que la médecine sortit de l'anéantissement profond où
les sciences avaient été plongées, et que l'on vit repa-

[1] Hippocrate ; Aphor., sect. I, 21 ; éd. Littré, tom. IV, pag. 469,

raître, avec les lambeaux sauvés des œuvres hippo-
cratiques, l'ancienne influence des doctrines qu'elles
contiennent.

Toutefois, il fallut Galien pour leur rendre toute leur
ancienne splendeur ; les diverses écoles des pneu-
matiques, des dogmatiques, des empiriques et des
méthodistes n'avaient fait jusque-là que défigurer la
science ; la doctrine des crises en particulier se trouvait perdue dans ces systèmes exagérés, et ni Athénée,
ni Sérapion, ni Themison n'eurent le loisir de s'en
occuper sérieusement. Celse, l'Hippocrate latin, ad-
mit les crises sans admettre les jours critiques, et
Asclépiade s'en montra le plus violent adversaire, en
appelant les œuvres d'Hippocrate des méditations sur
la mort.

Galien, en réformant la science, remit la doctrine
des crises en pleine vigueur. Mais, disposé lui-même
aux spéculations de l'esprit plutôt qu'à la marche
lente et sûre de l'expérience, il fit entrer dans les idées
du Père de la médecine une foule d'exagérations et
d'hypothèses. C'est ainsi qu'il compliqua sa doctrine
des jours critiques, en y introduisant les jours intercalaires et les vides. Les intercalaires étaient les troisième, cinquième, neuvième, treizième et dix-neu-
vième ; ils étaient moins puissants que les critiques et
conservaient même entre eux des degrés d'influence.
Les autres jours, qu'il appelait les vides parce qu'ils

n'indiquaient rien, ne jugeaient pas, ou ne jugeaient que malheureusement, étaient aussi sujets, de sa part, à des distinctions ; c'est ainsi que de tous, le sixième est le plus funeste.

« Galien, dit Bordeu, n'épargne pas sa rhétorique
» contre ce jour ; il fait contre lui une déclamation
» véhémente : d'abord il le compare à un tyran, et,
» après lui avoir dit cette injure, il descend de la subli-
» mité du trope, pour l'accuser au propre de causer
» des hémorrhagies mortelles, des jaunisses funestes,
» des parotides malignes[1]. »

Quand il eut une fois renoncé au contrôle de l'expé-
rience, rien ne pouvait le retenir dans le champ des hypothèses ; il fallut bien découvrir une cause à tant d'effets remarquables : Galien s'aperçut que le mois médical se rencontrait avec le mois lunaire, et que les révolutions de cet astre s'accordaient avec celles des crises, et aussitôt il appuya la doctrine des jours critiques sur les phases de la lune. Mais nous per-
drions notre temps à suivre Galien dans les écarts d'autant plus regrettables de son imagination, que, s'il eût su la maîtriser, il aurait sans doute égalé son émule.

Relevée par Galien, soutenue par Aétius et Oribaze, la doctrine des crises fut reçue et intégralement con-

---

[1] Bordeu ; *loc. cit.*, pag. 212.

3

servée par les Arabes et les Arabistes, dont le règne s'éclipsa vers le xv⁰ siècle devant les succès envahissants de la chémiâtrie.

CHAPITRE II.

PARACELSE , VAN-HELMONT.

Le galénisme, entre les mains des Arabes, était resté mélangé des superstitions dont Galien lui-même l'avait obscurci. L'intervention de la lune dans la production des crises , allait fort bien avec les croyances astrologiques du peuple considéré comme le père de l'astronomie , et qui se trouva tout disposé à renchérir sur cette thèse. Le pouvoir des astres , en général, sur le cours des maladies , celui des angles qu'ils décrivaient dans leurs mouvements avec les jours indicateurs , l'influence des signes du zodiaque qui présidaient chacun à des maladies particulières : tels furent les sujets d'une foule de livres et les occupations d'une médecine superstitieuse, qui ne laissait pas que d'être encore la parodie du galénisme. Ces extravagances durent hâter sa chute; mais son vainqueur ne se montra-t-il pas encore plus ridicule ? Ce vainqueur fut Paracelse, le véritable père de l'alchimie, et qui foudroya le galénisme du haut de sa chaire insolente. « Sachez, disait-» il aux derniers soutiens de cette doctrine chancelante,

» que mon bonnet est plus savant que vous, ma barbe
» a plus d'expérience que vos académies : grecs, latins,
» français, italiens, je serai votre roi. La nature en-
» tière viendra à mon secours pour m'aider à noyer
» dans le lac Pilate toute votre astronomie et les éphé-
» mérides de vos saignées. Je veux que mes fourneaux
» mettent en cendres Esculape, Avicenne et Galien,
» et que tous les auteurs qui leur ressemblent soient
» consumés jusqu'aux dernières particules par un feu
» de réverbère. » Les œuvres d'Hippocrate et de Galien
furent brûlées à Bâle, à la première leçon de ce docte
professeur, et servirent de signal au triomphe des idées
chémiâtriques.

La doctrine des crises reçut le contre-coup de la
chute du galénisme ; en vain son adversaire voulut-il
les expliquer en s'appuyant sur des actions chimiques
et en expérimentant sur ses différents sels ; il fallait
être conséquent, et les successeurs de Paracelse le furent pour lui. Van-Helmont, d'abord galéniste ardent,
changea bientôt de foi, se voua à l'alchimie, et écrivit
avec la même véhémence que son maître contre les
crises, dont il condamna l'étude. Après lui, les disciples de cette école, Sylvius Deleboë et tant d'autres
alchimistes n'en parlèrent même plus, ou ne firent au
moins que répéter les railleries de leurs maîtres.

Mais un si éclatant triomphe ne fut pas heureusement général ; pendant que Paracelse minait de fond en comble la doctrine dont nous écrivons l'histoire , Fracastor cherchait en Italie le moyen d'en soutenir les bases chancelantes ; il repoussait les hypothèses sur l'influence des astres et lui substituait , il faut en convenir, un système plus ingénieux que vraisemblable [1]. Les crises, selon lui, arrivaient tous les quartenaires, parce qu'elles dépendaient du mouvement de la mélancolie , dont la coction avait besoin pour s'achever de quatre jours tout entiers. Prosper Alpin renchérit plus tard sur ces théories, et trouva la raison des crises dans les mouvements combinés de l'atrabile avec la bile et la pituite.

En France, la doctrine des crises était à cette même époque défendue par des hommes de génie. Citons en première ligne le célèbre médecin de François Ier, l'illustre Fernel, qui, revenu lui aussi de certaines hypothèses du galénisme , n'en soutint pas moins les vérités fécondes qui lui servaient de bases. Peu de temps après, Duret, esprit essentiellement philosophique, défendit aussi dans ses écrits et sa pratique, la doctrine hippocratique de la coction et des crises. Auprès de lui se groupent encore Houllier et Baillou ses contemporains, et Du Laurens son élève , qui fut chancelier de l'École de Montpellier et médecin de

[1] Fracastor; *Libellus de causis dierum criticorum.*

Henri IV. Tous ces hommes remarquables restèrent
fidèles aux principes des anciens, au milieu du débor-
dement des systèmes.

CHAPITRE III.

BOERHAAVE, CHIRAC, STAHL ET LES MODERNES.

Au XVIIe siècle nous voyons le mécanicisme l'em-
porter à son tour sur la chémiâtrie. Baglivi en Italie,
Hoffmann en Allemagne et Boerhaave en Hollande,
mettent leurs talents au service de ce nouveau système,
renouvelé d'Asclépiade et de Themison, et qui lui-
même servit de père au physiologisme moderne ; car
la doctrine du solidisme est plus vieille que Broussais.
Ces trois grands hommes admirent pourtant la doctrine des crises : Hoffmann a écrit sur ce sujet une
dissertation qui ne manque pas de valeur, et Boerhaave
est l'auteur d'une nouvelle théorie de ces phénomènes.
Boerhaave reconnaît qu'il arrive ordinairement dans
les maladies aiguës humorales et en de certains temps
un changement subit de la maladie, suivi de la santé
ou de la mort, changement qu'on nomme crise. Il est
de l'avis d'Hippocrate sur les jours critiques et indicateurs, mais il explique les crises comme supplément
plutôt de la coction que comme sa conséquence. La
coction, selon lui, a pour caractère de rendre les acri-

monies non pas évacuables, mais entièrement identiques à la matière saine, de façon que lorsqu'elle est
parfaite, cette matière ainsi réformée n'a plus besoin
d'être chassée au dehors ; mais si la coction est imparfaite, il se fait une évacuation de ce qui reste par
le moyen de la crise [1].

Toutefois, comme le chimisme, le mécanicisme
s'aperçut bientôt que l'admission des crises jurait
avec ses principes, et après ces tentatives infruc-
tueuses il prit le parti de les attaquer en face. Ce fut
Chirac qui se chargea de ce rôle, essayé déjà par
Bouvard. Nouveau Van-Helmont par son style, Chirac
combattit cette doctrine avec des injures, et la fougue
de son langage lui attira une foule d'admirateurs et
de partisans.

D'abord élève puis professeur à Montpellier, il ne
tarda pas à renier les principes qu'il avait puisés aux
leçons de Barbeyrac et de Chicoyneau, de même que
pour agrandir le champ de sa pratique, il quitta bientôt
Montpellier pour Paris. Sur ce nouveau théâtre il pro-
clama ses théories médicales ; et foudroyant avec violence la prudence des anciens et la doctrine de l'expectation, il mit en vogue une médecine active et

[1] Boerhaave ; *Institutiones medicæ*, etc. Pour de plus amples
détails sur les idées de Boerhaave, voy. Bordeu ; *loc. cit.*, tom. I,
pag. 225.

toute puissante. Son Traité des fièvres, où il s'applique
à décrier les crises, est pourtant rempli de contradictions à ce sujet, et dans bien des passages il paraît
admettre les principes dont il se montre ailleurs un
adversaire si acharné.

Sylva, l'élève de Chirac, devint à la fois son adu-
lateur et son émule, et bientôt l'enthousiasme gagna
toute la génération des médecins parisiens. La prudence et la sagesse des anciens furent traitées de timi-
dité et d'inexpérience ; la médecine agissante fut mise à
l'ordre du jour, et l'on ne parla plus que de saigner,
purger et faire suer dans tous les temps et dans tous
les cas, de supprimer les inflammations, d'enlever
les dépôts, de juguler les maladies ; en un mot on ne
fit plus que de la chirurgie interne, suivant l'expression
par laquelle M. Anglada [1] désigne la thérapeutique
des symptômes.

A côté de ce scepticisme complet sur la doctrine
des crises, on entendait professer au fond de l'Allemagne un système diamétralement opposé au chira-
cisme. Stahl, professeur à Hall, en Saxe, prêchait
alors ses théories sur l'âme considérée comme la
cause de tous les mouvements vitaux, physiologiques
ou morbides, et en faisait découler dans sa *Theoria
médica vera* les principes d'une expectation poussée à

---

[1] Anglada; *loc. cit.*, pag. 36.

l'extrême et d'une confiance sans bornes dans les crises naturelles. Fruit d'une imagination brillante, d'une vaste instruction et d'une longue pratique, le système de Stahl se rapprochait de la vérité, mais n'en avait pas moins pour ainsi dire dépassé les limites, en présentant la force médicatrice comme une force intelligente. On trouvera dans la seconde partie de ce travail de plus amples détails sur les croyances de Stahl au sujet des crises.

Devant ces deux excès, Montpellier tâchait de conserver dans la question des crises une balance égale entre les deux systèmes, essayant à la méthode hippocratique toutes leurs prétentions ; non toutefois sans éprouver quelques oscillations temporaires. Entraîné vers Chirac avec Fizes, ou vers Stahl avec Sauvages, il se montrait partisan modéré de la doctrine des crises avec Rivière, Barbeyrac, Chicoyneau, Vieussens et leurs successeurs.

Dans l'horizon immense que nous parcourons, nous nous bornons à signaler les principaux faits relatifs à la question qui nous occupe, et nous arrivons ainsi au xviiie siècle, qui fut marqué par un retour général et presque complet vers les opinions des anciens. Le vieil humorisme fut repris par les hommes célèbres qui ont illustré cette période, et, rajeuni par eux, il a servi de base à une médecine à la fois sage et savante. Chez eux, la doctrine des crises devait être en grand honneur ; et si en l'établissant sur l'hypothèse de la coction humorale, ils n'en donnèrent pas une interprétation irréprochable, il faut du moins reconnaître qu'elle se trouvait encore la plus d'accord avec les faits, la plus riche en vérités profondes et de la plus haute utilité pratique.

Dans ce dernier acte de l'histoire que nous retraçons à grands traits, l'école de Montpellier joua le plus grand rôle, tantôt par ses propres membres, tantôt par les nombreux disciples qui, de près ou de loin, se relient à elle comme partisans des principes que son nom représente.

Parmi les hommes qui s'occupèrent plus spécialement de relever l'antique doctrine des crises, et qui, soit dans leurs ouvrages, soit dans leur pratique, portèrent un puissant témoignage en leur faveur, nous citerons Tronchin en Hollande, Zimmermann en Suisse, De Haen, Stoll, Van Swiéten en Allemagne ; Sydenham, Clifton, Wintringham, Nihell en Angleterre ; Valésius, Solano de Lucques, André Piquer en Espagne.

En France, Bordeu publia un Traité sur le pouls critique et des *Recherches sur les crises*, ouvrage célèbre auquel nous ferons de fréquents emprunts dans ce travail. En lisant cette revue des théories opposées sur ce point de doctrine, revue pleine de verve et d'idées profondes, on ne peut que regretter avec Pinel[1] l'espèce de neutralité, d'indécision, que garde celui qui pouvait si bien se poser en législateur de l'art, titre sans lequel on ne peut, d'après lui, trancher une pareille question.

Vers cette époque parut également une dissertation sur les jours critiques, par Aymen, ouvrage qui eut une certaine célébrité, et qui fut couronné par l'Académie de Dijon. Cette même Académie proposa plus tard une question de concours sur la médecine expectante, qui donna lieu à un travail de Planchon sur *le Naturisme ou la nature considérée dans les maladies, et leur traitement suivant la doctrine d'Hippocrate*, mémoire couronné, qui roule tout entier sur la doctrine des crises.

Mais c'est surtout au sein même de l'école de Montpellier que nous trouvons la foi la plus vive et les plus ardents défenseurs. Là se rencontraient Fouquet, Barthez, Grimaud, Dumas, et après eux cette série de grands hommes qui ont illustré la science médicale, et qui, en portant si haut la conception du vitalisme, ont assuré les bases de la doctrine des crises, qui en est un des dogmes les plus importants.

Filles du vitalisme, les crises ne pouvaient trouver que de tièdes défenseurs dans les partisans du physiologisme. Broussais et ses imitateurs ne leur furent

[1] Pinel; *Nosographie philosophique*, tom. I, pag. cv.

pas précisément hostiles, mais leur manière de les interpréter équivaut à une négation. Aujourd'hui que les esprits reviennent un peu de l'absolutisme organicien, les médecins de la capitale ne nient pas les crises, mais les relèguent, avec Chomel, au rang des théories inutiles à la pratique, et d'un intérêt tout spéculatif; ajoutons pourtant que le vitalisme fait tous les jours des progrès au sein de l'école organicienne, et que du haut de ses chaires et dans ses académies, on entend plus souvent aujourd'hui défendre et discuter les idées anciennes, les croyances d'Hippocrate et le dogme fécond de la force vitale et de la force médicatrice.

DEUXIÈME PARTIE

DISCUSSION SUR L'EXISTENCE DES CRISES

PRÉLIMINAIRES

Y a-t-il des crises ? Tel est le problème dont nous allons entreprendre la solution.

Quand on discute la vérité d'une proposition quelconque, la discussion a un fondement solide et peut aisément s'établir. Quand on discute sur un mot, le travail devient très-complexe.

Y a-t-il des crises ? Oui , si vous entendez par crise tel genre de faits; non, si vous en désignez tel autre genre. La solution est impossible en posant ainsi le problème.

Il faudrait avant tout fixer le sens du mot crise. Mais ici qui aura voix prépondérante? Sera-ce Galien, Stahl ou Broussais? Aucun d'eux sans doute, si nous montrons que ni les solidistes, ni les naturistes, ni

même les humoristes n'ont attaché ce terme à un fait
qui fût rigoureusement vrai. Et, en supposant que
nous ayons rempli cet engagement, quand nous aurons successivement rejeté l'existence de toutes ces
crises, de quel droit emploierions-nous cette même
expression à désigner des idées différentes ?

Direz-vous, pour nous sortir d'embarras, qu'il
faut prendre la signification du premier venu et chercher, dans une autre série de faits, quels sont ceux
qui s'y rapportent. Mais, de la sorte, il se pourrait
qu'on ne trouvât rien à transporter sous ce terme fait
d'avance, et l'on risquerait beaucoup, à ce bizarre
système, de faire les mots avant d'avoir les idées.

Direz-vous qu'il faut recourir à l'étymologie, fixer
le sens littéral du mot, et chercher si l'application en
est possible ? Mais il se pourrait que fixé de la sorte,
le sens du mot ne fût même applicable à aucune des
théories élevées en son nom.

Comment sortir de ce cercle vicieux ; faut-il tout
abandonner à la fois, le mot et l'idée : le mot, parce
que personne ne s'en est servi pour rendre la même
idée ; l'idée, parce que personne n'a su la saisir et l'attacher à l'acception du mot ?

Quoique les divers systèmes aient donné de la crise
une théorie différente et incomplète ; quoiqu'ils ne s'en-
tendent ni sur le terme, ni sur l'objet qu'il représente,
tous, nous en conviendrons, avaient en vue le même
fait, quand ils lui donnaient des interprétations op-

posées. Ramassons le fait brut pour en constater l'existence, et nous pourrons, à bon droit, lui attacher
alors la dénomination en suspens.

C'est donc aux exigences de la question à résoudre,
que nous avons dû soumettre le programme de notre
deuxième partie. Étudier dans chaque système la théorie des crises et montrer que les crises ne s'expliquent
par aucun de ces systèmes; saisir l'idée commune,
l'idée que chacun entrevoyait sans en donner une interprétation ou complète ou exacte et la défendre
contre ceux qui la nient formellement, tel est par conséquent le travail que nous allons entreprendre.

CHAPITRE I.

DE L'HUMORISME ET DE LA THÉORIE HUMORALE
DES CRISES.

Il ne sera question, dans ce chapitre, que de l'humorisme moderne; les connaissances imparfaites des
anciens, les systèmes du froid, du chaud, du sec et
de l'humide, et encore moins l'humorisme tout maté-
rialiste des iatro-chimistes ont eu leur part dans notre
historique. Ils cèderont ici la place à un exposé rapide;
de l'humorisme tel qu'il trouve encore des partisans,
de l'humorisme de Grimaud par exemple, humorisme
savant et digne d'examen, système bien plus fécond
que tous ses rivaux en vérités profondes, que le vita-

lisme lui-même a souvent protégé de son nom, et qui trouve encore des défenseurs jusque dans les murs de notre école.

Tout en reconnaissant les forces vitales comme un élément essentiel dans la production des maladies, il reste à expliquer comment elles sont mises en jeu dans leurs actes morbides; il reste à s'entendre sur le caractère de leur réaction. Or, les humoristes admettent que toutes les maladies proviennent de la réaction de la nature, du principe de vie contre une humeur préalablement viciée. Cette humeur viciée ou peccante peut devoir son existence à l'altération spontanée de liquides qui circulent dans nos organes, et parmi lesquels le sang joue le principal rôle : elle peut avoir pour raison d'être l'introduction par diverses voies de substances étrangères à l'économie. Les dégénérescences lentes que nos humeurs sont susceptibles de subir sous l'influence de causes diverses, telles que le chagrin, la misère, une nourriture pauvre ou malsaine, comme aussi une nourriture trop succulente, trop abondante, et les dangers que le luxe entraîne, les suppressions brusques d'évacuations normales, d'hémorrhagies habituelles, etc., se rangent dans le premier rang des causes matérielles de nos maladies ; dans le second, il faut placer les substances toxiques, les miasmes, les effluves, les virus, etc.

« La maladie n'est autre chose qu'un effort de la » nature qui, pour conserver le malade, travaille de

» toutes ses forces à évacuer la matière morbifique.
» Le souverain Maître de l'univers ayant voulu que les
» hommes fussent exposés à recevoir différentes im-
» pressions de la part des choses extérieures, ils se
» sont trouvés par cette raison nécessairement sujets à
» diverses maladies, lesquelles viennent en partie de
» certaines particules de l'air qui ne sont point ana-
» logues avec nos humeurs et qui, s'insinuant dans le
» corps et se mêlant avec le sang, l'infectent et le cor-
» rompent; et en partie de différentes fermentations,
» ou même de différentes pourritures d'humeurs qui
» séjournent trop longtemps dans le corps, parce
» qu'à raison de leur quantité excessive ou de leur
» qualité particulière, il n'a pu les atténuer ni les éva-
» cuer [1]. »

Ces diverses causes morbides, dont l'action s'exerce
perpétuellement autour de nous avec une tendance
constante à la détérioration et la destruction de nos
organes, resteraient maîtresses absolues du champ
de bataille, si la force vitale n'avait pour mission de
lutter contre elles pour les combattre et les chasser,
mission qui lui vaut à juste titre l'épithète de médicatrice.

De cette lutte entre la nature d'une part et la matière peccante de l'autre, résultent une série de mou-

[1] Sydenham; Œuvres de médecine pratique; édit. Baumes, tom. 1, pag. 1.

vements vitaux différents de ceux qui existent à l'état
de santé et dont l'ensemble constitue les maladies.
Une pareille scène nous présente naturellement plusieurs phases : au moment où la force vitale se laisse
impressionner par la substance ou cause morbide , à
l'instant où elle est provoquée à réagir, on a placé le
début, *principium* ; mais c'est un temps indivisible ,
dont on a tort de vouloir tenir compte ; tant que pour
ainsi dire la matière peccante soutiendra sans céder
l'effort de la nature, les symptômes présenteront un
caractère d'acuité qui caractérise la première période,
celle de crudité. Puis au moment où cette matière,
comme vaincue, subit ces premières altérations que la
nature s'efforçait de lui imprimer, commence une seconde période, qui est celle de coction , où l'acuité
des symptômes décroît et où ces mouvements morbides
se rapprochent de plus en plus des mouvements normaux. La coction est accompagnée de l'évacuation ou
de l'assimilation de la matière peccante , qui doit
ramener l'ordre dans l'économie vivante ; ces actes, dont
elle est l'indispensable prélude, peuvent s'accomplir
lentement ; la maladie se guérit alors par solution , ce
qui est une espèce de crise connue sous le nom de
lysis ; mais souvent la matière peccante , après avoir
subi la préparation qui la rend évacuable, est chassée
tout d'un coup et avec tumulte , et les phénomènes
qui constituent cet acte composent la troisième période
des maladies dans le système humoral , ou la crise
proprement dite.   4

Ces expressions diverses de crudité, de coction sont
tirées d'une comparaison des divers actes morbides
qui les représentent, avec ceux qui constituent le phénomène physiologique de la digestion. Les aliments
introduits dans l'estomac sont une matière crue, qui
provoque une sorte de fièvre digestive destinée à les
cuire pour les assimiler ou les expulser. La matière
peccante est dans les secondes voies au lieu d'être
dans les premières ; sa présence est nuisible et anormale, au lieu d'être une condition régulière de la vie ;
enfin, le but de sa coction est différent, mais le résul
tat est le même.

Ainsi, pour en revenir à notre sujet, la crise, chez
les humoristes, est l'excrétion d'une matière dont la
présence dans l'économie était une cause de trouble,
dont la sortie ramène l'ordre et procure la guérison.

Il y a, relativement à ce dernier point, un peu de
confusion parmi les humoristes : ainsi les uns veulent,
avec Fernel, que la guérison soit le résultat de la
seule coction des humeurs et que la matière intempé-
rée une fois atténuée, *putredine repressâ*, la sortie de
cette matière ne soit plus qu'une suite insignifiante et
sans influence sur la guérison ; les autres, et c'est
le plus grand nombre, voient au contraire le phénomène critique dans le rejet lui-même de cette matière,
rejet brusque ou graduel, et dont la coction n'est que
l'acte préparatoire. « *Crisis autem non solum in miti-*

» *ficatione humoris consistit, sed post coctionem, in*
» *evacuatione, quomodocumque ea fit* [1]. »

Nous nous bornons à ces généralités, qui suffisent
pour servir de base à l'examen de leur théorie ; quant
aux détails, comme ils sortent du domaine des interprétations hypothétiques pour rentrer dans celui des
faits observés, et que la plupart constituent de grandes
vérités utiles à la pratique, nous les réservons pour
en faire notre profit, quand nous exposerons d'une manière définitive la théorie des crises.

Que faut-il penser de ces explications, et d'abord
que faut-il penser de l'humorisme en général ?

Qu'il y ait réellement des maladies humorales,
c'est-à-dire des maladies où les humeurs soient altérées, c'est ce que personne ne peut mettre en doute.
Les liquides vivants sont, comme les solides, susceptibles de dégénérescences, et il faudrait être aveugle
pour ne pas croire à leur viciation dans les cachexies,
dans les fièvres putrides, dans les diathèses purulentes, dans les maladies éruptives, etc. Que la plupart des maladies présentent, en proportion plus ou
moins grande, une élaboration morbide des fluides
circulant dans nos organes ou s'écoulant par les appa-
reils de sécrétion, c'est encore un fait impossible à
nier, quand on observe les qualités si diverses des
produits sécrétés aux diverses périodes des affections

[1] *G. Ballonii Opera omnia*, tom. **IV**, pag. **288**.

morbides , quand on songe aux conditions nécessaires de leur transmissibilité [1].

Nous irons encore plus loin : l'altération humorale est souvent le phénomène primitif, celui qui donne le signal de la manifestation morbide ; c'est à l'impression produite par elle sur l'organisme vivant qu'il faut souvent en reprocher l'apparition ; en un mot, une matière peccante peut être la cause de la maladie. N'est-ce pas évident pour les poisons, les virus ? N'est-ce pas probable dans les cas de sueurs rentrées, d'alimentation malsaine ? N'est-ce pas possible enfin quand une fonction normale se supprime, quand une éruption est répercutée, quand un cautère est brusquement supprimé ?

Mais nous sommes à bout de concessions ; voyons un peu ce qu'on doit contester à l'humorisme.

D'abord, toutes les maladies ne sont pas humorales.

---

[1] « Une maladie ne peut être contagieuse, dit M. le professeur » Anglada, que lorsqu'elle s'accompagne d'une altération humo- » rale dont les produits, liquides ou vaporeux, excrétés par des » voies diverses, peuvent pénétrer dans un corps sain. Cette in- » tervention des humeurs vivantes dans la production du mode » contagieux, qui serait inintelligible sans elle, n'avait pas seule- » ment frappé les médecins dont la plume obéissait aux inspira- » tions du galénisme ; mais on la retrouve dans les auteurs qui, » plus disposés à contenir dans ses vraies limites le rôle des dégé- » nérescences humorales, n'en ont pas accepté l'évidence, fortifiée » d'ailleurs par les analogies les plus décisives. » Anglada ; Traité de la contagion, tom. I, pag. 14.

On ne peut, malgré l'autorité de Broussonnet [1], admettre une altération des liquides dans les névroses, par exemple. Sans doute, quand les accès qui dépendent de ces diathèses ont à de nombreuses reprises fatigué nos organes, des cachexies spéciales et des viciations d'humeurs surviennent à la longue ; mais ces effets consécutifs ne sont pour rien dans les manifestations du début, exemples parfaits, à coup sûr, de maladies sans matière. Il est inutile d'insister sur un fait qui trouve d'ailleurs aussi peu de contradiction, même chez les humoristes les plus exclusifs.

Beaucoup de maladies réputées humorales ne le sont pas en réalité.

Qu'une fièvre survienne chez un sujet pléthorique, bilieux, je conviens qu'il y avait une altération des humeurs ; qu'une transpiration arrêtée soit la cause d'un catarrhe, je comprends à la rigueur qu'une sueur rentrée joue le rôle de matière peccante ; dans la fièvre réactive d'un traumatisme, j'admets encore que l'humeur viciée par le contact de l'agent vulnérant fixe les regards de l'humoriste ; je lui accorde d'appeler matière peccante le pus qui déplace le corps

---

[1] « On a dit, il est vrai, remarque le prof. Broussonnet, qu'il » n'y a point de coction dans les maladies nerveuses ; parce qu'on » supposait, sans doute, que la nature aurait fait une exception à » une règle commune, à cause que nos sens, trop grossiers, ne » pourraient pas apercevoir la manière dont elle agit. » Broussonnet ; Tableau élémentaire de la séméiotique, pag. 178.

étranger, la lymphe plastique qui organise le cal.
Mais les choses se passent-elles toujours ainsi? Une
fièvre catarrhale a-t-elle de toute nécessité dans son
étiologie une sueur supprimée, et, si cette sueur manque, où est l'humeur altérée ? Dans la fièvre que produit une émotion morale, dans celle qu'on appelle
inflammatoire et qui ne survient pas toujours chez un
sujet pléthorique, où est l'humeur altérée; où est
l'humeur altérée dans les douleurs rhumatismales,
dans les congestions, dans les apoplexies, etc. ?

Enfin, quand la maladie est réellement accompagnée d'une altération humorale, l'humeur altérée doit-
elle être considérée comme stimulus indispensable et
permanent de la réaction qui constitue cette maladie?
Nous entrons, comme on le voit, dans le cœur de la
question ; nous attaquons l'humorisme dans son principe fondamental.

Il serait facile de montrer une foule de cas où l'altération humorale n'est qu'un symptôme, souvent même
très-tardif, appartenant à l'évolution de la maladie et
qui n'a rien de commun avec son invasion. Mais nous
renonçons à cette ressource, et, n'envisageant que les
scènes morbides où l'altération humorale apparaît dès
le début et peut avec plus de vraisemblance assumer
la responsabilité du trouble survenu, nous allons examiner jusqu'à quel point il faut admettre cette dépendance de la force vitale, vis-à-vis des causes matérielles qui la mettent en jeu.

L'humeur peccante, avons-nous dit, peut être un produit de la vie, un liquide vital spontanément altéré; elle peut venir du dehors, introduite dans les secondes voies par les nombreuses portes qu'elles présentent aux agents extérieurs. Dans l'un et l'autre cas, les mêmes phénomènes surviennent, la même coction est supposée nécessaire pour expulser la matière nuisible. Mais comme nous aurons diverses considérations à présenter suivant l'origine de cette matière, nous allons nous conformer à cette distinction.

L'humeur peccante est de cause interne; c'est un excès ou une altération des humeurs primitives.

Faut-il admettre alors que la dégénérescence humorale qui nécessite la coction se produit dans l'état de santé parfaite, ou bien que sa production est l'effet d'une altération préalable de la force vitale? Toute accumulation d'acrimonies dans le corps humain suppose un dérangement aussi lent, aussi insensible qu'on voudra, dans quelqu'une des fonctions auxquelles elles se rattachent, et le début de la maladie devra être placé, non pas au moment où la matière accumulée provoque des réactions secondaires, mais bien à celui où la force vitale, s'écartant de ses habitudes, a permis une sécrétion vicieuse ou excessive de quelqu'une de nos humeurs. On explique, par exemple, une affection bilieuse, en disant qu'elle est produite par la réaction de la nature contre la bile accumulée dans nos tissus, depuis que le foie la sécrète en moins grande abondance. Nous sommes loin de comprendre pourquoi ce ralentissement de la sécrétion hépatique ne compterait pas comme premier indice d'un état morbide, dont les symptômes signalés plus tard comme ceux d'une affection bilieuse, ne seraient que des symptômes consécutifs. Sous l'influence d'une affection bilieuse, la force vitale surcharge nos tissus des éléments de la bile, et puis elle évacue ces matériaux ; elle se dévie de ses actes normaux pour y revenir ensuite brusquement ou avec lenteur, voilà pour nous l'ensemble de la maladie. Si vous en séparez le premier acte, si vous enlevez à la nature la responsabilité de cette accumulation de bile, pour en considérer ensuite la présence comme la cause du trouble qui survient, vous n'envisagez qu'une fraction de la scène morbide, et vous prenez pour cause ce qui n'était qu'effet.

Ainsi donc, le phénomène initial de tout l'ensemble morbide n'est pas l'altération humorale, cette altération étant elle-même sous la dépendance d'un état morbide primitif. Et voyez où l'on est conduit en ne considérant pas l'origine de la matière peccante comme le premier effet de la force vitale morbidement altérée; on en vient à dire que cette force vitale, saine et libre de ses actes, s'amuse à susciter des matières peccantes pour avoir le mérite de nous en délivrer. Étrange force médicatrice que celle qui se créerait elle-même des ennemis pour les combattre !

« Quand on oppose la nature à la maladie, dit en
» effet Grimaud, il faut entendre cette opposition de la
» nature considérée successivement sous deux aspects
» différents, et comme appliquée à détruire le corps
» qu'elle anime et à le frapper d'un caractère de dé-
» pravation qui ne peut subsister que sous l'impression
» de la vie, et comme revenant à elle et employant ses
» moyens à réparer le mal qu'elle a fait[1]. »

C'est pourtant ainsi qu'il faudrait entendre ces phénomènes, pour concilier la théorie de la coction avec
les faits. Il faudrait que la force vitale pût réagir contre
une matière qu'elle a produite; il faudrait qu'elle fût
incompatible avec un état de choses émanant d'elle-
même; il faudrait qu'elle eût à la fois la faculté de produire et d'anéantir le même mouvement, tissu de contradictions évidemment insoutenables.

Si l'altération humorale n'est pas le fait initial, la
coction n'est plus nécessaire pour comprendre le mé-
canisme de la guérison. La matière peccante étant une
occasion de désordres, je concevais l'urgence d'une
préparation spéciale en vue de son élimination; mais
dès l'instant qu'elle n'est plus qu'un produit de la force
vitale déviée dans ses actes, il ne faut, pour la voir
disparaître, que désirer le retour de cette force à son
état normal. Loin d'être obligé d'opposer la nature à
elle-même pour la faire réagir contre des causes qui

[1] Grimaud; Cours de fièvres, tom. I, pag. 185.

sont simplement ses effets, il ne faut voir dans ces affections qu'un besoin morbide qui veut se satisfaire et dont la tendance est la production de ces mouvements humoraux si mal envisagés. Produire la matière peccante d'abord, la tempérer, l'évacuer ou l'assimiler ensuite sont le résultat de deux dispositions différentes qu'assume successivement la force vitale morbidement altérée, disposition à se dévier de ses actes normaux, disposition à s'en rapprocher; ce double caractère servant de base à M. le professeur Jaumes [1] pour sa division en deux périodes de toute maladie complète, la période de restauration, celle de déviation.

Ce que nous venons de dire ne s'applique jusqu'ici qu'à l'humeur peccante de cause interne. Cette humeur n'est donc pas la cause, elle est l'effet de la maladie; sa création appartient au programme de l'évolution morbide et nullement à son étiologie.

L'humeur peccante est de cause externe. Ici, deux suppositions se présentent relativement au mode d'action de cette humeur : ou bien l'élément étranger agit par lui-même pour provoquer la réaction qui doit l'éliminer, et constitue en personne l'humeur peccante; ou bien sa présence dans les secondes voies y altère les liquides vitaux et leur donne ce caractère.

Commençons par mettre hors de ligne cette dernière supposition. Comment le contact hétérogène

[1] Jaumes; Leçons inédites de path. gén., 1855.

d'un élément étranger peut-il altérer les humeurs vitales, pour les porter à l'état de matières peccantes ?
Faut-il admettre une fermentation réelle comme celle
qui se passait en dehors des influences vitales , dans
la cornue d'un alchimiste au moyen–âge ? Mais cette
interprétation émanée d'un système qui réduisait la
science de la vie à un chapitre de la chimie organique,
et ne laissait aucune part à la force vitale dans la production des phénomènes morbides , ne peut trouver
place dans une discussion où il s'agit d'apprécier les
modes d'agir de cette force ; d'autant plus que, pour
l'honneur des humoristes, cette théorie n'est pas leur
ouvrage et ne leur sert même pas de ressource. Faut-
il avoir recours à ce qu'on a nommé fermentation vitale ? Cette hypothèse mérite plus d'honneurs, car nous
rentrons dans le camp des humoristes.

Qu'est-ce donc que la fermentation vitale ? Si nous
l'enlevons du domaine de la chimie, si nous faisons
intervenir dans ce phénomène les propriétés vitales des
liquides morbidement impressionnés, la fermentation
va devenir un acte par lequel la nature elle-même in-
terviendra dans la viciation des humeurs au contact
d'un élément étranger, dans l'intention de créer une
matière peccante et un sujet de réaction ; un acte con-
tradictoire où le principe vital créera un virus pour
s'exercer à le détruire. Car il n'y a pas de milieu dans
ce dilemme : si la matière morbifique n'a pas pris nais
sance spontanément dans nos organes , la fièvre de

coction doit s'exercer sur un corps qui lui est complètement étranger, c'est ce dont nous examinerons tout à l'heure la possibilité ; ou produire elle-même, sous l'influence de ce stimulus, une humeur peccante pour réagir contre elle, ce qui serait tomber dans de nouvelles contradictions. Il faudrait en effet, à ce compte, supposer deux maladies, deux réactions : une dirigée contre l'agent étranger pour créer la matière peccante, une dirigée contre la matière peccante pour l'éliminer. Et comment supposer que la nature soit influencée par la première humeur de façon à la multiplier, et par la seconde, qui lui est identique, de manière à la détruire ; ce serait admettre qu'elle peut être soumise à la fois à deux lois diamétralement opposées.

Entendons-nous bien; nous n'avons certes pas l'intention de contester que sous l'influence d'un stimulus étranger la force vitale, morbidement impressionnée, ne puisse se livrer à des actes dont quelques-uns pourront être la formation d'une humeur viciée ; ce serait nier ce qu'il y a de plus certain en pathologie. Nous disons seulement que cette formation de l'humeur peccante n'est pas un fait qui précède la maladie et qui serve à en élaborer la cause ; la maladie se termine à la formation de cette humeur, au lieu de commencer après qu'elle a été formée.

Ainsi donc, ce n'est pas contre une humeur nouvelle appartenant à l'économie vivante et produite par le contact d'un élément étranger, que peut s'exercer la fièvre digestive, c'est contre l'élément étranger lui-même, c'est contre le miasme, le virus, le poison, etc. qui s'est introduit au sein de nos organes. Examinons maintenant cette seconde supposition.

La lutte de la nature se concentre tout entière sur un miasme, sur un virus, sur une sueur rentrée, sur une matière peccante externe en un mot, qu'elle veut atténuer et repousser loin de nos organes.

Voilà donc, par exemple , un virus hétérogène tellement inappréciable sous le rapport de sa quantité que le microscope le plus puissant n'a pu le découvrir encore, et ce virus va se trouver tout d'un coup si multiplié, qu'il pourra se répandre dans toutes les parties de nos organes, attaquer corps à corps chaque molécule de nos tissus , déposer dans chaque pustule un élément qui le représente. Avouons que cet accroissement imprévu de la matière peccante est au moins fait pour surprendre. Il est vrai qu'on a proposé des explications pour diminuer l'étonnement qu'il provoque ; parmi ces explications se trouvent les théories des fermentations chimiques ou vitales , que nous avons rejetées déjà ; il faut bien faire le même cas de cette supposition que le virus, comme une graine, germerait et porterait des fruits, et que les résultats de cette fructification se retrouveraient disséminés dans l'économie. C'est là un roman , dit M. Jaumes [1], et

---

[1] Jaumes ; *loc. cit*.

un roman beaucoup trop beau pour être vrai. Si cette
explication doit être prise au pied de la lettre, il faut,
en effet, l'assimiler aux fermentations chimiques et
en faire le même cas ; si l'on doit la prendre au figuré,
elle revient à l'hypothèse d'une fermentation vitale et
subit les mêmes objections. Qu'on en convienne donc,
il n'y a pas de supposition admissible ; il faut considérer cette parcelle imperceptible de virus, comme
servant à constituer la masse d'humeur dont l'organisme est infecté et qu'il doit élaborer, atténuer, cuire,
pour être à même de s'en débarrasser. Tout cela est
déjà bien peu probable *à priori* ; voyons si les faits
s'en accommoderont plus facilement.

Si le virus qui se retrouve auprès de chaque molécule de nos tissus est une fraction de virus primitif,
il faut admettre l'indispensable nécessité de l'absorption, pour que celui-ci produise ses effets ; il faut que
le sang se charge de transporter en nature et de semer
dans tous les organes cette humeur morbifique dont
la présence est nécessaire à la réaction, ou autrement
dit à l'apparition de la maladie. Comment expliquera-
t-on alors l'invasion de cette maladie dans les cas où,
l'absorption n'ayant pu se produire, il faudra de toute
force recourir à une impression directe des forces vitales dans le lieu même où le stimulus a pu agir ? Il
est prouvé que la théorie de l'absorption n'est pas
toujours suffisante pour donner raison de la contagion
morbide. Pourquoi tous les virus ne seraient-ils pas

absorbés avec la même vitesse? Les uns produisent
leurs effets même après une cautérisation immédiate
et auraient dû remonter très-vite avec le courant
sanguin; les autres n'agissent pas quelquefois après
une cautérisation tardive, et n'auraient dû suivre que
très-lentement cette voie; ce n'est donc pas l'absorption, phénomène nécessairement identique à lui-même,
qui est toujours l'intermédiaire des effets que produisent les agents morbifiques; et si le virus n'est pas
transporté en nature à travers les secondes voies, s'il
ne reste pas même dans l'économie, comment se re-
trouvera-t-il sur tous les points de nos organes, pour
y provoquer des réactions par sa présence?

D'autres faits encore viennent se mettre en contradiction avec cette hypothèse. Si la présence matérielle du virus est nécessaire à la réaction morbide,
comment se fait-il que ce corps étranger subsiste ainsi
dans les secondes voies un temps indéfini et souvent
très-long, sans y subir le sort de toutes les autres
substances introduites dans le sang ou dans nos organes? Quand les accidents se produisent huit jours, un
mois, plusieurs années même après l'introduction du
virus, comme on a pu le constater pour la contagion
de la rage, est-il logique de penser qu'il existe encore
en matière dans nos tissus, et que cet agent si redoutable est resté un pareil temps en repos? A quoi tien-
draient, d'une part, l'inactivité du virus; de l'autre,
l'inactivité des fonctions sécrétoires? «Si, au contraire,

» dit M. Angladá, il obéit comme les substances hété-
» rogènes à la loi d'élimination, mise hors de doute
» par les expériences de toxicologie moderne, il faut
» bien admettre que la rage qui éclate ne serait plus le
» résultat de la présence matérielle du virus dans le
» sang, mais la manifestation affective d'une impres-
» sion morbide reçue longtemps auparavant au contact
» de l'agent spécifique ; de même qu'on voit tous les
» jours une maladie survivre à l'action éloignée de sa
» cause essentielle et se dérouler, souvent fort tard,
» en actes morbides consécutifs, quoique la provocation
» infligée à l'économie n'ait été que passagère [1]. »

Enfin, si la présence d'une humeur étrangère est
indispensable pour expliquer l'invasion de la maladie,
en appelant une réaction éliminatrice, comment concevoir que toutes ces affections, même celles qui sont
virulentes, puissent se développer spontanément, sans
stimulus extérieur ?

Tout concourt donc à démontrer que la matière peccante venue du dehors ne reste pas comme cause permanente de l'état affectif qu'elle a déterminé. Une preuve
d'un autre genre vient encore nous prêter son concours :
s'il est vrai que la nature, dans un but médicateur, at-
ténue, modifie la matière morbifique pour la rendre
éliminable et la chasser, il faut que nous retrouvions
cette humeur cuite, atténuée, dans les évacutions cri-

---

[1] Anglada ; *loc. cit.*, tom. I, pag. 290.

tiques. Or, qui peut affirmer que cette élaboration ait réellement été subie par les produits éliminés? Des matières putrides, introduites dans l'organisme, sont repoussées avec les urines, les selles; qu'est-ce qui prouve qu'elles ont été modifiées par la coction? Une transpiration rentrée provoque une fièvre qui se guérit par une transpiration critique; la sueur a-t-elle changé de nature? Le virus que la force médicatrice repousse hors des organes, diffère-t-il de celui qui vint y porter la contagion? Quand un poison a porté le trouble dans l'économie vivante, on le retrouve dans les urines du convalescent; si ce trouble avait été le résultat de la coction nécessaire pour l'élimination de cette substance, il faudrait que le poison retrouvé dans les urines différât en quelque point du poison introduit dans le sang. Or, les expériences d'Orfila ont démontré intacts, dans les urines, les sels d'or, d'argent, d'arsenic, d'antimoine, de zinc, de plomb, de bismuth, etc.

Ainsi cette théorie humorale, assimilant toutes les maladies avec matière aux maladies réactives, n'est pas exacte dans ses interprétations; elle ne comprend une évolution morbide que comme une scène intimement liée à une cause matérielle; elle ne conçoit la manifestation anormale du principe de vie que sous l'influence de l'impression continue, permanente, d'une humeur morbifique; tandis que la nature peut créer spontanément les maladies, tandis que le besoin morbide, résultat d'une première impression produite par

5

un stimulus étranger, subsiste après la disparition de sa cause et, devenu affection indépendante, tend encore à produire ses mouvements anormaux, alors que la matière peccante est depuis longtemps éliminée. Les affections morales nous présentent un exemple parfait d'une semblable émancipation : qu'un accès de gaîté soit la conséquence d'un spectacle bizarre, enlevez la cause et l'hilarité pourra se continuer longtemps encore.

En considérant les phénomènes morbides à ce point de vue, nous allons trouver à chacun d'eux une expression bien plus naturelle ; nous aurons moins de peine à les concevoir ou à les expliquer. Une fois indépendante, émancipée, l'affection restant latente peut n'exercer son pouvoir qu'après une longue incubation, alors que depuis longtemps le virus contagieux a disparu par le travail incessant de l'exhalation. Liée simplement à la matière peccante par l'impression morbide qu'elle en reçoit, la force vitale pourra spontanément agir comme si elle avait éprouvé cette impression, bien plus aisément que s'il s'agissait pour elle d'élaborer une matière absente ; et comme cette élaboration n'est pas nécessaire pour en rendre l'élimination possible, on pourra retrouver cette matière en nature dans les sécrétions, on pourra, sans s'étonner, constater qu'une humeur critique ne diffère pas toujours d'un liquide naturel. Et quand cette humeur offre en effet des qualités différentes aux diverses périodes des maladies, comme dans l'exemple si fréquemment présenté du coryza ou de la pneumonie, ces périodes différentes de crudité et de coction cadrent à merveille avec notre manière de concevoir les actes morbides. La force vitale, comme nous l'avons dit plus haut, présente en les exécutant, d'abord une tendance à s'éloigner de plus en plus de ses mouvements normaux, puis une autre à se rapprocher d'eux au contraire. Dans la première période, les liquides sécrétés s'écarteront de plus en plus des liquides normaux, et seront âcres, corrosifs, intempérés ; dans la seconde, ils tendront à reprendre leur caractère primitif, ils s'adouciront, s'atténueront à mesure que la restauration fera des progrès. Ainsi ; ces mots de matière crue, de matière cuite, ou de crudité et de coction, portent avec eux un certain cachet de vérité relative, vérité de fait, sinon d'interprétation ; car les anciens, excellant dans l'observation attentive des phénomènes, ont fort bien noté ces différences de symptômes, leur signification et, comme nous aurons occasion de le voir, les règles de conduite qui en découlent en droite ligne, et ne se sont égarés que dans l'interprétation de leur cause.

Ce n'est pas inutilement que nous avons fait cette longue digression sur la portée de la coction humorale, c'est notre sujet lui-même qui se débattait sur un autre terrain ; nous y avons préparé une conclusion, qu'un mot maintenant suffira pour déduire. L'hypothèse des matières peccantes réduite à sa juste valeur, la théorie des crises ne peut plus en effet reposer sur elle ; l'évacuation de la matière cuite ne constitue plus le phénomène important de cet acte curateur, et ne peut lui donner sa signification pathologique ; car ce n'est pas en raison de la matière évacuée que les mouvements vitaux se montrent utiles, s'il est prouvé que cette matière n'est qu'une conséquence de la maladie, ou que si elle en fut la cause essentielle, elle ne resta pas présente après avoir produit son impression morbide.

Ainsi, les crises ne sont pas l'évacuation de la matière peccante, il y a souvent une évacuation parmi les actes qu'elles mettent en jeu, mais l'humeur qui s'échappe n'était ni la cause de la maladie, ni le but de la réaction ; et cela est si vrai, que les humoristes eux-mêmes sont quelquefois obligés de convenir que dans les maladies avec matière on ne retrouve pas toujours l'humeur peccante dans l'évacuation critique.

« L'utilité de la sueur dans les hémorrhagies actives, » dit Grimaud, est bien prouvée par les observations » de Lamotte, de Wagner, et de De Haen. Or, on ne » peut dire avec aucune apparence de vérité, que ces » sueurs évacuent alors une matière contre-nature, » car dans ces hémorrhagies il n'y a de vicieux que » le sang trop abondant, et surtout une distribution » peu convenable des mouvements toniques [1]. »

[1] Grimaud ; *loc. cit.*, tom. III, pag. 302.

CHAPITRE II.

DU SOLIDISME ET DE LA NOTION DES CRISES DANS CE SYSTÈME.

Les différences qui existent entre les systèmes en médecine, tiennent moins aux faits d'observation qu'à l'interprétation qu'on leur donne; on peut s'entendre aisément sur les choses que l'on voit, que l'on touche; mais comme on ne voit pas, comme on ne touche pas les causes des phénomènes observés ; comme il faut pour les découvrir remonter par un acte de l'esprit du connu à l'inconnu, c'est là que les divergences doivent naturellement commencer, c'est alors que les résultats obtenus pourront différer ou même se contredire. Ainsi, le point de départ est le même dans toutes les écoles, la base est identique : nous venons de voir, en réduisant certaines prétentions de l'humorisme, qu'on pouvait conserver et les faits sur lesquels il repose, et les noms qu'il leur donne; ces faits sont même si bien observés, avons-nous dit, qu'ils font la gloire de ce système et consacrent le génie de ses fondateurs. Les solidistes ne contredisent pas plus les altérations humorales, que les humoristes celles des solides; il faudrait être aveugle pour ne pas reconnaître dans le courant des maladies, tantôt une lésion des organes, tantôt une lésion des fluides qui les parcourent. Lequel, maintenant, de ces faits précède-t-il l'autre ? Ici le raisonnement commence; mais le problème est bien plus compliqué que s'il s'agissait d'établir une simple question de priorité.

En présence des actes morbides qui constituent une maladie, actes que tous nous constatons en fait, on a dû se poser la même question qu'à l'aspect des actes physiologiques qui constituent la santé. Si la vie est un résultat, l'altération des organes est la cause de ces désordres , comme leur intégrité était la cause d'un fonctionnement normal ; si la vie est une cause, le désordre pathologique tombe sous sa dépendance, et l'altération des organes n'est plus qu'un phénomène de cette déviation temporaire de la force vitale.

Un ensemble de phénomènes morbides est donné. Broussais et son école y voient une lésion localisée dans un organe, s'irradiant quelquefois, par continuité de tissu ou par sympathie anatomique, à tout le reste de l'organisme. Agissez donc dans tous les cas contre cette irritation primitive ; si vous la jugulez avant qu'elle se soit irradiée à tout l'ensemble de l'économie, vous enlevez le mal et vous prévenez ses conséquences; si vous êtes en retard, vous les faites cesser du moins, en supprimant leur cause.

Mais le vitalisme voit dans cet ensemble de phénomènes un résultat d'une altération préalable de la force vitale ; à ses yeux, s'acharner contre le symptôme , ne peut avoir d'utilité qu'en vue des réactions qui en

dépendent ; cette méthode est impuissänte à faire cesser la cause plus générale dont il émane et à procurer
la guérison.

La différence entre l'organicisme et le vitalisme est
donc encore tout entière dans l'interprétation de faits
identiques ; aussi les mêmes noms pourront trouver
leur emploi. Les'périodes de crudité et de coction, que
nous avons conservées parce qu'elles répondent à des
phénomènes pathologiques dont il est impossible de
contester l'existence , le solidisme se gardera bien
aussi de les répudier. L'action des solides sur les liquides qu'ils sécrètent, explique les différents états que
ces derniers sont susceptibles de présenter. Au début,
tension, éréthisme plus ou moins violent des organes,
irritation des tissus qui dérange toutes les sécrétions,
amène dans le système organique une surcharge de
parties hétérogènes, et imprime à ces liquides le caractère d'acuité , d'intempérance qui signale la période de crudité. Plus tard survient une détente pro-
gressive ; la sensibilité et la contractilité augmentées
reviennent à leur état primitif et les liquides, sécrétés
par des organes qui reprennent de plus en plus leur
intégrité première, se rapprochent de leur composition
normale, paraissent tempérés, atténués, subissent la
coction.

« La coction n'est donc, suivant l'opinion de ces
» solidistes, que la cessation de l'éréthisme des organes,
» et la sortie des matières excrémentitielles , dites cri-

» tiques, un simple effet du retour des organes à leur
» état naturel [1]. »

Ceci nous ramène à notre sujet, car nous n'avons
pas l'intention de nous égarer plus longtemps à la
suite de Broussais. Or, puisque le système tout entier
repose sur des faits communs à tous les systèmes,
nous devrons trouver aussi, au nombre de ceux qui lui
servent de base, la mention des phénomènes critiques. Seulement ici, hâtons-nous de le dire, le fait
brut est tellement réduit, l'interprétation est tellement
vicieuse, que l'admission des crises, de la part des solidistes, correspond à une négation complète.

« Si les irritations sympathiques que les principaux
» viscères déterminent dans les organes sécréteurs,
» exhalants, et à la périphérie, deviennent plus fortes
» que celles de ces viscères, ceux-ci sont délivrés de
» la leur, et la maladie se termine par une prompte
» guérison : ce sont les crises. Dans ces cas, l'irritation
» marche de l'intérieur à l'extérieur [2]. »

Ainsi s'exprime Broussais; on ne saurait à la fois
être aussi clair et aussi peu logique.

La crise n'est donc qu'un déplacement d'irritation;
l'irritation secondaire étant plus forte que l'irritation
primitive, elle la supprime, d'après le principe hippocratique : « De deux douleurs simultanées, mais non

---

[1] Landré-Beauvais ; Séméiotique, pag. 577.
[2] Broussais ; Examen des doctrines, pag. xciv.

» dans le même lieu , la plus forte obscurcit l'autre [1]. »
Hippocrate , convenons-en , s'étonnerait autant d'un
pareil commentaire que du nom de son commentateur.

Voyons rapidement les objections que cette théorie
soulève. Je dis rapidement , parce qu'il suffit de les
signaler pour en donner la preuve.

Si la crise est une nouvelle irritation plus forte que
la première , elle remplace une maladie légère par
une plus intense ; et comme il faudra, pour enlever la
deuxième irritation , une irritation encore plus forte,
ce n'est certes pas le moyen d'arriver jamais à la guérison. D'ailleurs , où est dans la crise cette irritation
si puissante ? Quand une fièvre générale se juge par
des sueurs, quand une épistaxis sert de solution à la
pyrexie d'un organe , quand une pneumonie cède après
une abondante excrétion d'urine , montrez-nous cette
irritation à symptômes plus aigus que la fièvre, que la
pneumonie, que l'hépatite, qui supprime ces maladies
par le principe *duobus doloribus* . . . .; montrez-
nous dans la peau qui transpire , dans le rein qui
sécrète un excès de liquide, dans la muqueuse qui
donne passage au fluide sanguin , une congestion ou
une inflammation plus forte que celle dont le poumon,
dont le foie se montraient d'abord attaqués ?

« *Quanta autem obsecro , inest differentia*, s'écrie
» Andral, *inter leviusculam sudantis cutis irritationem,*

---

[1] Hippocrate; Aph. , sect. II , 46 ; éd. Littré, tom. IV, pag 483.

»*immanemque phlegmasiam qua peripneumonia gi-*
»*gnitur* [1]. »

Si la crise est une lutte entre deux irritations, il
n'y aura pas de crise pour les maladies générales ; il
est vrai que pour Broussais il n'y a pas de maladie
générale.

Si la crise est toujours un transport de l'irritation
du centre à la périphérie, où se placera donc celle
d'une irritation superficielle? Sur un organe interne,
ce serait une métastase dangereuse, une fausse crise,
comme le dit Broussais. Sur un autre point de la
peau, ce serait contraire à nos conditions. Sur le
lieu même de la maladie, ce serait supposer qu'elle
diminue parce qu'elle augmente.

Ainsi cette étroite conception de la crise la rend
impossible, annule ses résultats, ou plutôt son exis-
tense. Appuyée sur des faits qu'elle interprète mal,
elle ne découvre dans le phénomène critique qu'une
métastase dangereuse ou qu'une révulsion impuissante,
et ne saurait évidemment servir à en édifier une
théorie rationnelle.

[1] Andral; Thèse de concours, 1824, pag. 45.

CHAPITRE III.

DU NATURISME ET DE LA NOTION DES CRISES DANS CE SYSTÈME.

Ce que nous disions en commençant le dernier chapitre, nous pouvons le répéter en commençant celui-ci : dans les systèmes, ce ne sont pas les faits, mais bien leur interprétation qui diffèrent.

Les rapports qui existent entre le monde moral et le monde vital sont manifestes, et nous aurons plus tard à en tirer profit ; ces rapports ne consistent pas seulement dans une analogie des actes dont ils se composent, mais aussi dans une véritable dépendance réciproque de ces actes. Appuyons-nous d'un exemple emprunté à cet auteur qui a si bien constaté les rapports du physique et du moral de l'homme.

« Il est de fait, dit Cabanis, que suivant l'état de » l'esprit, suivant la différente nature des idées et des » affections morales, l'action des organes peut tour- » à-tour être excitée, suspendue ou totalement inter- » vertie.

» Un homme vigoureux et sain vient de faire un » bon repas ; au milieu de ce sentiment de bien-être » que répand alors dans toute la machine la présence » des aliments au sein de l'estomac, leur digestion » s'exécute avec énergie et les sucs digestifs les dissol-

» vent avec rapidité. Cet homme reçoit-il une mauvaise
» nouvelle, ou des passions tristes et funestes vien-
» nent-elles à s'élever tout à coup dans son âme, aus-
» sitôt son estomac et ses intestins cessent d'agir sur
» les aliments qu'ils renferment. Les sucs eux-mêmes
» par lesquels ces derniers étaient déjà presque entière-
» ment dissous, demeurent comme frappés d'une mor-
» telle stupeur, et tandis que l'influence nerveuse qui
» détermine la digestion cesse entièrement, celle qui
» sollicite l'expulsion de ces résidus acquérant une plus
» grande intensité, toutes les matières contenues dans
» le tube intestinal sont chassées au dehors en peu de
» moments [1]. »

L'influence des passions de l'âme [2] sur l'état de nos
organes, sur leurs actes physiologiques et morbides,
est un fait aussi manifeste que remarquable. Personne
ne songe à nier les conséquences de la peur, de la colère, de la joie, qui peuvent altérer les fonctions vitales, déterminer des congestions sur les organes
internes, ou agir à la longue sur la constitution tout
entière. Personne ne conteste non plus l'impression
favorable d'une bonne nouvelle dans le courant d'une

[1] Cabanis; Rapports du physique et du moral de l'homme;
tom. II, pag. 407.
[2] Zimmermann consacre un chapitre de son Traité sur l'expérience à l'examen des passions considérées comme causes éloignées
des maladies, et en cite de nombreux et remarquables exemples.
Voy. Zimmermann; Traité de l'expérience, tom. III, pag. 33.

maladie grave, les changements inattendus qu'elle apporte à sa direction première, ni le rapport moins immédiat, mais non moins certain, de la santé avec la fortune, l'aisance, en un mot toutes les causes de bonheur, et de l'altération des humeurs avec les chagrins, les malheurs et la misère.

D'autre part, la réaction de la souffrance de nos organes sur l'état de l'esprit et de l'intelligence, est encore un fait en dehors de toute contestation, et qui établit aux yeux de tous la réalité du rapport qui existe entre le physique et le moral de l'homme.

Voilà donc deux ordres de phénomènes, pensées et sensations d'une part, actes morbides et physiologiques de l'autre, qui montrent une liaison intime, un état d'étroite dépendance réciproque ; le fait est admis par tous, il s'agit de l'interpréter.

Préoccupés de cette relation, bien remarquable il est vrai, certains esprits ont voulu voir une cause unique à des phénomènes si étroitement dépendants les uns des autres ; l'erreur est pardonnable, mais à quelles conséquences diamétralement opposées elle devait encore conduire ! Parmi ces esprits, en effet, les uns ont considéré la pensée comme le jeu d'un organe spécial et mis en mouvement par la même force qui anime le reste du corps ; les autres, suivant une voie d'induction différente, voudront que les divers organes obéissent à la même cause que la pensée.

Et d'un côté, nous entendrons prononcer à Cabanis

ces paroles subversives : « Si la pensée diffère essen-
» tiellement de la chaleur animale, comme la chaleur
» animale diffère du chyle et de la semence, faudra-t-
» il avoir recours à des forces inconnues et particu-
» lières pour mettre en jeu les organes pensants et
» pour expliquer leur influence sur les autres parties
» du système animal [1] ? » Ce qui revient à dire : la pensée
ne diffère de la chaleur animale que comme la chaleur
animale diffère du chyle et de la semence, la pensée
n'est qu'un jeu des organes, la pensée n'est qu'une
sécrétion.

D'un autre, nous entendrons les Stahliens soutenir:
que l'âme surveille et dirige elle-même tous les mouvements dont la vie se compose; l'âme préside à la
digestion, à la circulation, au fonctionnement régulier
de tous les organes, et quand cet ordre est détruit,
c'est qu'un être distinct, une essence étrangère, qui
est une cause morbide, est venue influencer le système,
lui imprimer une altération funeste et provoquer la
force intelligente à des actes anormaux, il est vrai,
mais toujours destinés à réparer le désordre.

Ainsi, matérialisme d'une part, naturisme de
l'autre, deux systèmes aussi opposés en médecine que
le sont l'idéalisme et le sensualisme en philosophie,
partent d'un seul et même point, d'un fait incontes-
tablement vrai, et arrivent, le premier à la négation

---

[1] Cabanis; *loc. cit.*, tom. II, pag. 403.

de l'âme, en expliquant la pensée par un acte vital ;
l'autre à la négation de tout acte vital, en remettant le
principe de la vie au pouvoir de l'âme.

On conçoit à l'avance ce que va devenir la théorie
des crises entre les mains du stahlianisme. La notion
de la force médicatrice sera portée aux proportions
d'un culte. Non-seulement les maladies sont une réaction de la nature contre les causes morbifiques, mais
elles sont une réaction intelligente, ayant conscience
de ses actes, et devant les combiner toujours dans le
plus grand intérêt du malade.

L'inaction la plus grande est donc la conséquence
de ces principes, et l'*expecta* des Stahliens, par son
excès, a fait plus de mal que de bien à la médecine
expectante. Stahl et ses disciples ne donnaient jamais
le quinquina, par exemple, dans la persuasion que
l'accès de fièvre était un acte médicateur de la nature
qu'il fallait bien se garder de prévenir. Dans les
hémorrhagies, ils arrêtaient rarement l'écoulement
sanguin, parce que les hémorrhagies, à leurs yeux,
étaient toujours critiques, et, loin de les empêcher,
ils s'occupaient sans cesse d'en favoriser le cours.
Cette doctrine exclusive des hémorrhagies considérées
comme le principal moyen employé par l'âme pour
remédier à la pléthore, était d'autant plus dangereuse
qu'elle servait de fondement à l'explication de presque
toutes les maladies. «On ne peut s'empêcher de re-
»gretter, dit M. le professeur Lordat, que Stahl ait

» fait de ses opinions sur les effusions sanguines, la
» base de presque toute sa pathologie. Ses excès sur
» cette matière sont aussi contraires à l'observation
» que nuisibles à la thérapeutique [1]. »

Ainsi, loin de nier les crises, Stahl et son école
les voyaient au contraire dans tous les actes de la nature. L'interprétation qu'ils en donnaient est naturellement la conséquence de leur doctrine médicale. Dans
cette lutte fictive entre l'âme d'une part et l'être morbide de l'autre, quand la première a pris le dessus,
qu'elle est victorieuse, et qu'après les dramatiques pé-
ripéties de ce combat qui représente la maladie, l'ordre
est enfin rétabli, ce retour à l'ordre se signale par
divers phénomènes saillants, tels que sueurs, expectoration, urines abondantes, etc., qui sont la crise.
La crise est donc pour eux la conséquence directe du
triomphe de la nature, bien plutôt qu'elle n'en est
l'agent ; elle est la suite naturelle du rétablissement
ou pour le moins de la régularisation des actes vitaux
hygides, et non le moyen par lequel ces actes se rétablissent ou se régularisent ; le résultat, non la cause
de la guérison.

Tantôt les fonctions se rétablissent lentement et
sans secousse, c'est la crise lente ou sans matière ;
d'autres fois le retour à la santé est signalé par une
longue et violente réintégration des fonctions sus-

[1] Lordat ; Traité des hémorrhagies, pag. 29.

pendues, ce qui correspond à notre crise proprement
dite ; l'une et l'autre de ces crises sont postérieures à
la guérison, au lieu de la précéder.

Quand la période de restauration se fait lentement
et par une diminution graduelle dans l'acuité des symptômes morbides, on peut à la rigueur considérer ce
retour à la santé comme l'effet du triomphe définitif de
la nature sur l'être morbide, et placer la convalescence au début de la seconde période ; si rien ne légitime une pareille hypothèse, les faits du moins ne s'y
opposent pas directement, comme lorsqu'il s'agit de la
véritable crise.

Il faudrait, pour que cette dernière fût seulement
l'indice de la guérison, et le résultat d'un simple rétablissement des fonctions consécutif à cette guérison,
qu'il s'agît toujours, en fait de crises, de véritables
fonctions rétablies, ou que leur manière de se produire
permît de les considérer comme un acte hygide ; deux
suppositions contraires à la réalité des faits. La crise,
d'une part, peut impliquer des mouvements de nature
à ne laisser aucun doute sur leur caractère morbide,
tels qu'hémorrhagies, éruptions, gangrène, abcès, etc.,
et les produits sécrétés dans les évacuations critiques
peuvent différer aussi de ce qu'ils sont à l'état de santé.

En second lieu, le trouble qui précède et accompagne les crises, trouble quelquefois si violent qu'il
peut amener la mort, permet-il de considérer ces phénomènes autrement que comme de vrais symptômes

morbides, et peut-on supposer que des actes physiologiques s'entourent d'un appareil aussi redoutable?
D'autre part, la succession si remarquable entre
l'apparition du phénomène critique et le prompt soulagement du malade, laisse-t-il aucun doute sur la
réalité de son influence? Voyez ce qui se passe dans
un cas de menstruation retardée. Quelle foule de symptômes plus ou moins alarmants : douleurs utérines,
tranchées, malaise insupportable, céphalalgie quelquefois très-violente, nausées, vomissements, frissons,
convulsions générales, attaques hystériques, congestions internes, etc., et tout cet appareil s'évanouit
comme par enchantement lorsque les règles paraissent.
Peut-on soutenir que cette apparition des règles n'a
pas été la cause de la guérison?

On a quelquefois confondu le spiritualisme de l'école
de Montpellier avec l'idéalisme des Stahliens; ce
soupçon se trouve à l'état de reproche dans Zimmermann[1] et dans Bordeu[2] lui-même. On ne peut s'empêcher de convenir, en effet, qu'il existe une grande
analogie dans l'idée dominante de ces deux doctrines,
idée qui consiste à transporter la cause des actes vitaux en dehors de la sphère matérielle; mais s'ensuit-
il que cette cause soit identique pour l'une et l'autre
école? Non, sans doute, elles diffèrent et d'essence

---

[1] Zimmermann; *loc. cit.*, tom. I, pag. 87.
[2] Bordeu; *loc. cit.*, tom. I, pag. 224.

et de propriétés ; car, si le vitalisme admet le dogme de la spontanéité vitale, de la résistance aux causes morbides et de la force médicatrice, il reconnaît que le principe dont ces notions sont des modes divers, est un principe aveugle, agissant sans conscience de lui-même, par instinct, non par jugement ; de sorte que, contrairement à l'opinion des Stahliens, ses actes médicateurs ne sont pas toujours en rapport avec la nature des impressions qui les réclament, ou avec la susceptibilité des organes qui en sont le théâtre ; de sorte encore qu'opposés à l'inactivité des Stahliens, les expectateurs vitalistes ont souvent à intervenir dans les maladies, sinon pour réprimer, du moins pour modérer ou conduire les mouvements critiques de la nature.

En considérant les affections morbides comme des êtres réels et distincts, existant en dehors du principe de vie, et qui seraient de sa part l'objet d'un constant antagonisme, les Stahliens s'écartent encore essentiellement des vitalistes, qui regardent ces mêmes affections comme un état particulier des forces vitales; pour eux, l'affection est un mode et non pas un être spécial ; la lutte qui s'établit entre ces deux causes distinctes, cause hygide et cause morbide, est donc, à leurs yeux, une hypothèse sans consistance, puisqu'il ne peut y avoir lutte s'il n'y a pas deux adversaires. D'autre part, l'acte morbide qui pour les Stahliens est l'expression de ce combat métaphysique, n'est pour les vitalistes

que la manifestation anormale du principe vital morbidement altéré, que la réalisation d'un besoin morbide ; et, tandis qu'au sens des premiers on peut le
comparer à une arme défensive, au sens des seconds
il rentre dans le cas d'un caprice satisfait, d'une passion
assouvie. Conséquences d'une opinion différente sur
la nature des affections morbides, les crises différeront
essentiellement elles aussi dans l'un et l'autre système,
comme nous aurons bientôt à le faire voir.

CHAPITRE IV.

Y A-T-IL DES CRISES ?

Ainsi, d'après cette longue argumentation, à laquelle
on doit voir un but unique, qu'on doit considérer
comme la prémisse d'un syllogisme, les crises n'existent à la manière d'aucun des systèmes passés en
revue, et cependant (nous avons insisté sur cette
considération importante) chaque système partait d'un
même point de départ, d'un même fait, pour arriver à
des interprétations toutes erronées. Ce point de départ
identique, qu'ils avaient tous en vue, c'était l'apparition
dans le courant des maladies de certains symptômes
désignés sous le nom de crises, en relation étroite
avec le retour de la santé; relation de cause, relation
d'effet, mais relation pourtant évidente, et sur laquelle
reposait leur commun désir de les voir apparaître. Ces

phénomènes sont-ils réels ou imaginaires ? Tel est le nouveau problème qu'il faut maintenant éclaircir, et dont un pareil accord rend déjà la solution bien facile à prévoir.

Si l'on jette, en effet, un coup d'œil sur la première partie de ce travail, on acquerra la conviction, en vue de laquelle surtout cette partie a été écrite, que l'immense majorité des observateurs ont admis des crises. Depuis Hippocrate jusqu'à nos jours, la tradition de cette croyance s'est transmise intacte et toujours plus puissante ; et si par intervalles la foi qu'elle inspirait éprouvait quelque atteinte, une réaction générale ne tardait pas à succéder à de pareilles attaques, compensant par une confiance exagérée en la puissance de la force médicatrice, l'outrage que la nature venait de recevoir. Cherchez d'ailleurs dans quel parti se trouvent la valeur des noms et le poids que doit apporter le mérite pratique ; vous ne pourrez qu'être saisis de la distance qui sépare les détracteurs des crises et leurs partisans, et vous sentir déjà fortement prévenus pour le parti de l'affirmation. Sans compter en effet ceux que l'antiquité nous présente, bien que leur date reculée ne soit pas un motif de supprimer leur voix délibérative, quel poids ne doit-on pas attacher aux témoignages de Fernel, Duret, Baillou, Hoffmann, Sydenham, Bordeu, Stoll, Zimmermann, Grimaud, et tant d'autres grands praticiens et théoriciens à réputation immortelle, surtout quand on leur oppose les

Sylvius, les Van-Helmont, les Chirac, et quelques
disciples entraînés par leurs déclamations, dont l'histoire n'a conservé ni les noms ni les ouvrages. Si
vous avez égard encore à la conviction, à l'assurance
des premiers, aux contradictions flagrantes, à l'espèce d'incertitude des autres, qui n'abandonnent la
théorie des crises qu'après avoir vainement essayé de
les ajuster à leur système, cette considération, en
vous livrant le secret de leur dissidence, confirmera
d'autant plus la répulsion qu'elle doit inspirer. Enfin,
après avoir apprécié la valeur des témoignages, exa-
minez encore lesquels de ces deux observateurs étaient
à même de juger le mieux une pareille question. Est-il
étonnant que la secte des guérisseurs de toutes les
époques n'aient pas vu les crises dans le courant des
maladies, eux qui, par leur principe d'agir vigoureuse-
ment et vite, doivent nécessairement troubler la nature
et empêcher ou obscurcir ses mouvements médicateurs ;
tandis que ceux qui les respectent et ne dérangent pas
les tendances de la force vitale, sont plus que personne
à même d'observer ses procédés ?

Posé au point de vue de l'existence du fait en lui-
même, le problème des crises se réduit donc à un
travail d'observation. « Il suffit[1], pour décider cette im-
» portante question, de recueillir avec soin les histoires
» d'un grand nombre de maladies, et de présenter en-

---

[1] Landré-Beauvais; *loc. cit.*, pag. 585.

» suite des conclusions générales déduites de ces faits
» particuliers. » Un pareil travail semblerait devoir
trouver place ici, et l'on pourrait s'attendre à une
collection de preuves destinées à servir d'argument à
notre thèse ; mais trop jeune encore d'expérience,
pour oser mettre en ligne de compte, en vue de conclusions aussi générales, les faits de notre seule observation, nous devons nous effacer devant des autorités
plus graves. Or, ce travail d'épreuve expérimentale,
tous les auteurs dont nous avons déjà cité les noms,
l'ont fait par eux-mêmes pour la plupart, soit qu'ils
donnent dans leurs ouvrages les matériaux de leur propre induction, soient qu'ils se bornent à citer les
conclusions qu'ils en ont dû tirer. A notre avis, il ne
reste même plus rien à faire en ce sens, et consacrer,
comme Andral [1], une longue partie d'un travail sur les
crises, à la démonstration du fait brut, nous paraît
une peine superflue ; non-seulement parce que c'est
tomber dans une répétition fastidieuse et inutile, mais
parce qu'aux incrédules il faut moins aujourd'hui montrer la crise elle-même que la leur faire apprécier.

Quel praticien, en effet, oserait nier qu'une maladie se guérisse, non-seulement sans les secours de
l'art, mais encore dans les conditions les plus défavorables de la part des circonstances, et même du médecin ; et quel est celui qui n'a pas attendu avec im-

---

[1] Andral ; *loc. cit.*, pag. 16 et suiv.

patience une sueur générale, une hémorrhagie, une expectoration critique, pour mettre fin à des symptômes contre lesquels son art se montrait impuissant ? Combien, avouons-le, non pas à la honte de l'art, mais à celle de l'humanité, combien abandonneraient cette difficile carrière, si la vie pouvait retracer les terribles détails de ce qu'ils ont fait de favorable ou de funeste au malade, si la force médicatrice les abandonnait à leurs seules ressources, si l'affection morbide n'était pas un adversaire complaisant qui met tous les malheurs sur son compte et tous les succès sous leur nom ! Sans la force médicatrice, sans la réalité des crises, sans cette loi relativement heureuse, qui veut qu'une affection se guérisse par sa manifestation, comme l'abeille qui meurt en faisant sa piqûre, toute maladie serait incurable ou mortelle, à moins de n'être convenablement traitée, et la guérison serait strictement subordonnée au remède. Le médecin consciencieux sait bien qu'il n'en est pas ainsi, qu'il se borne le plus souvent à soutenir les forces, à calmer les réactions, à diriger la nature, et il répète les paroles aussi modestes que profondes d'Ambroise Paré : « C'est moi qui panse et c'est Dieu qui guérit. »

C'est donc plutôt sur le terrain même des adversaires des crises qu'il faut porter la discussion ; il faut examiner jusqu'à quel point ils ont le droit de prétendre qu'ils guérissent les maladies sans le secours des crises, donnant cette prétention comme un argu-

ment contre leur existence. Si la médecine agissante
est vraie dans son principe, elle doit fournir ses
preuves, montrer ses titres à notre confiance. C'est
au lit du malade qu'on juge le praticien ; de même
c'est par les résultats qu'on doit juger ses principes.
Comme le remède est la pierre de touche des maladies, les succès sont celle des systèmes. Or, détermi-
nons au juste quelle est la prétention de la médecine
agissante. Les jugulateurs, pour tenir leurs promesses,
doivent enlever toute la manifestation symptomatique,
toute la lésion locale par exemple, interrompre le
cours des phénomènes morbides dont la succession
amènerait infailliblement la mort. Ce point est capital
dans leur système ; car si, au lieu de supprimer cette
manifestation d'une manière complète, nous montrons
qu'ils l'ont seulement modifiée dans sa forme ou trans-
portée autre part, nous serons en droit de dire qu'ils
ont simplement changé le type de la maladie, mais
que l'affection n'en a pas moins évolué, n'en a pas
moins satisfait jusqu'au bout ses tendances. Une affection n'est pas astreinte, en effet, à se manifester
sous un type toujours identique, et les preuves du
contraire sont nombreuses dans la science. Il faut,
pour qu'elle disparaisse, qu'elle se réalise par un acte
vital, n'importe lequel ; si vous lui défendez telle satisfaction, elle se rejette sur telle autre, tantôt avec
profit, tantôt avec perte pour le malade ; mais il faut
toujours, tôt ou tard, qu'elle arrive à ses fins. Ainsi

donc, si toute manifestation morbide n'est pas supprimée par l'intervention de la médecine agissante, on
peut opposer à ses partisans qu'ils ont arrêté des symptômes dangereux en en tolérant de moins graves, ce
qui n'est plus qu'une concession, qu'un arrangement,
et non pas une jugulation.

Voyons maintenant si nous avons le droit de tenir
un semblable langage en présence des actes des jugulateurs, et pour cela suivons-les à l'œuvre. Quels sont
leurs principaux moyens d'action. Nous écartons d'abord
tous les spécifiques, c'est naturel ; les spécifiques,
moyens que la médecine expectante est loin de repousser, s'adressent immédiatement à l'affection, la
tuent par une action directe et sont hors de cause
quand on parle de jugulation symptomatique ; en effet,
si ces remèdes s'adressaient aux symptômes, s'ils s'op-
posaient à la manifestation morbide, leur action ces-
serait d'être spécifique pour devenir physiologique ; les
spécifiques jugulent donc l'affection et non pas la maladie. Il nous reste tous les moyens de la médecine
physiologique, et certes ces moyens sont nombreux ;
parmi eux choisissons à la fois les plus énergiques,
ceux qu'on a le plus prônés comme jugulateurs, ceux
enfin qui ont servi de base à la discussion que nous
avons ramenée. Les deux grandes ressources des médecins actifs sont la saignée et les évacuants [1], et l'on

---

[1] Voy. Bordeu ; *loc. cit.*, tom. I. pag. 232.

sait même qu'il fut une époque où, dans leur camp,
la guerre existait entre ces deux armes.

Or, est-il possible, par exemple, de faire avorter
un érysipèle par la saignée ? L'école physiologique l'a
prétendu, et les salles de la Charité sont encore témoins tous les jours des succès de cette méthode. Ces
succès, en quoi consistent-ils ? Trousseau vous le dit
dans son langage si expressif : la maladie n'en suit
pas moins sa route, l'érysipèle marche en *blanc*, on
lui a enlevé toute sa matière colorante, mais on ne
lui a enlevé que cela[1]. Soit une pneumonie la plus
franche et la plus inflammatoire, tout le monde s'accorde à prescrire une large saignée ; mais cette saignée
si fortement indiquée, cette saignée sans laquelle,
nous en convenons, la maladie eût été probablement
mortelle, peut-on dire qu'elle ait jugulé la maladie ?
Non, bien certainement, et voici ce qui s'est passé :
la saignée a dégorgé le poumon, soit par la déplétion
directe qu'elle a produite, soit en portant ailleurs le
mouvement fluxionnaire ; en enlevant ainsi les matériaux de la fluxion et des autres lésions dont cet
organe était le siége, elle a diminué l'intensité de la
manifestation qui portait sur lui, et, du même coup,
rendu supportables les réactions si graves des symptômes qui la constituaient. De cette manière l'affec-

[1] Trousseau et Pidoux ; Traité de thérap. et de mat. médic.,
tom. I, pag. 571.

fection a pu suivre son cours, accomplir ses périodes sans anéantir le malade par les conséquences des actes qu'elle a dû mettre en jeu ; ou bien encore, le résultat de la saignée aura été de favoriser une crise naturelle par la direction imprimée aux mouvements vitaux, par la modération imposée à la force vitale, qui aurait manqué son but parce qu'elle le recherchait avec trop de violence. Ainsi, dans un cas la saignée s'est bornée à simplifier l'affection, dans l'autre à en régulariser les mouvements, et dans aucun elle n'a jugulé la maladie.

Ce que nous disons de la pneumonie se rapporte à tous les cas où l'on a prétendu faire avorter une affection redoutable. Sous l'influence d'un molimen congestif il se produit une congestion cérébrale ; tout ce que l'on fait contre elle avec les saignées, les révulsifs, les dérivatifs de toute espèce, n'a qu'un but unique, appeler sur un organe moins important la lésion qui se localise au cerveau.

Les médecins purgeurs ne sont pas plus heureux ; en purgeant ils remplissent, comme nous le verrons plus tard, une indication de la médecine expectante, soit qu'ils favorisent les tendances critiques de la nature, soit qu'ils enlèvent une complication dont l'influence sur l'affection principale gênait l'évolution régulière de ses symptômes. Cela est si vrai que les médecins qui purgent par système, doivent se préoccuper de l'époque où ils emploient leur méthode. « Ils ména-

» gent leurs coups, dit Bordeu; ils attendent le moment
» favorable pour placer leurs purgatifs , c'est-à-dire
» qu'ils purgent au commencement d'une maladie , ou
» lorsque la coction est faite , à peu près comme les
» anciens eux-mêmes, et ceux qui les verront pratiquer
» auront lieu d'observer que, s'ils manquent l'occasion
» favorable, et surtout s'ils purgent violemment, lors-
» que la nature a affecté quelque organe particulier pour
» évacuer la matière morbifique cuite, ils occasionnent
» de très-grands ravages[1]. » Si les évacuants avaient
le mérite que quelques-uns leur attribuent, il faudrait,
en effet , pouvoir les employer à toute heure et le
plus tôt ne serait que le mieux. Or, leur danger à certaines périodes des maladies est un précepte classique ; les exemples de mort ou de complications
produites par leur usage intempestif, sont nombreux
dans les annales de la science. On peut en lire plusieurs cités dans Grimaud[2], et nous avons été témoin
aussi, à l'Hôtel-Dieu de Nimes, d'un cas de mort su-
bite, amenée par l'administration intempestive d'un
gramme cinquante d'ipécacuanha.

En un mot, la médecine agissante, qui prétend juguler les maladies, se borne le plus fréquemment à
modérer certains symptômes dangereux, en laissant
subsister ceux qui doivent servir de crise ; souvent

[1] Bordeu; *loc. cit.*, tom. I, pag. 233.
[2] Grimaud ; *loc. cit.*, tom. II, pag. 83 et 84.

même, au lieu de rien juguler, elle favorise, excite à
son insu des actes médicateurs qu'elle croit empêcher.

« Heureusement, dit M. Jaumes, l'*hostilité* du médecin
» n'existe souvent que dans son langage et dans son
» imagination. Son intervention n'a pas toujours, il
» s'en faut, ce caractère; l'active thérapeutique s'as-
» socie, dans beaucoup de cas, aux mouvements na-
» turels, s'unit synergiquement avec eux, les soutient,
» les dirige, et n'en est pas l'adversaire[1]. »

Ainsi, nous pouvons répondre par l'affirmative à la
question que nous avons inscrite en tête de ce dernier
chapitre : Il y a des crises. Leur existence comme
fait est certaine, indubitable; il ne s'agit plus que de
s'entendre sur l'interprétation qui convient à ces phénomènes, réserve qui fera le sujet de notre troisième
partie.

[1] Jaumes; Essai de pharm. thér. génér.; tom. I, pag. 227.

TROISIÈME PARTIE

❧

DOCTRINE DES CRISES

—

PRÉLIMINAIRES

La question des crises vient de faire un pas, et nous commençons maintenant à voir clair à travers les difficultés du problème. L'exposition de leur doctrine exigeait un travail multiple, dont nous avons dû, dès l'abord, élaguer les complications. Revendiquées par la plupart des systèmes, à des titres différents, mais toujours en raison de leur frappante vérité et de leur vaste signification pratique ; récusées par les ennemis de la force médicatrice, malgré l'évidence de leur langage, malgré l'autorité des siècles et le nom de leurs observateurs, les crises ne pouvaient devenir un objet spécial d'étude qu'après avoir été lavées à la fois et des objections et des interprétations vicieuses qu'elles ont subies. Il fallait avant de bâtir déblayer le terrain ;

dans cette intention nous avons d'abord mis à part leurs titres respectables, les noms glorieux de leurs défenseurs, l'histoire de leur règne et de leurs vicissitudes ; ensuite nous avons porté l'examen au cœur de tous les systèmes, nous y avons combattu les diverses théories des crises, tout en en démontrant l'existence ; voulant, par ce double travail, les enlever à Broussais, à Stahl, à Hippocrate lui-même, pour les transporter avec leurs lois et leurs conséquences sous la tutèle du vitalisme.

Maintenant, nous voilà débarrassé de ces détails accessoires ; nous restons seul en présence d'un fait démontré qu'il s'agit de reprendre dans le sens doctrinal, pour en formuler la théorie, pour en régler les conclusions pratiques. Ce travail sera le sujet de notre troisième partie.

Ici se grouperont plus naturellement une foule d'opinions, de vérités partielles le plus souvent émanées de l'humorisme, et qui ne pouvaient trouver place dans une discussion générale. L'humorisme, en effet, nous l'avons dit plusieurs fois, avait au point de vue pratique porté bien haut la doctrine des crises ; au lieu de retoucher ses erreurs, nous lui empruntons ses vérités, semblable au sculpteur qui pour corriger une statue, préférerait refondre la matière et recommencer un travail en règle.

CHAPITRE I.

THÉORIE ET DÉFINITION DE LA CRISE.

La vie doit être considérée comme l'expression de la réaction réciproque des organes et de la force qui les anime. L'union de ces deux substances est analogue à celle qui existe entre l'âme et le corps, de même que la cause de la vie est analogue à la cause de la pensée. Ces deux forces, qui travaillent sur la même matière, lui communiquent et en reçoivent des impulsions également comparables.

Arrêtons-nous une seconde à cette comparaison ; elle pourra nous fournir de précieux éléments pour le travail que nous avons en vue.

Or, de même que, malgré Loke et Condillac, les sens ne sont pas l'origine de toutes nos pensées, de même les organes ne sont pas le stimulus de toutes nos affections morbides ; mais, de même aussi que les impressions extérieures peuvent mettre en acte des idées qui n'étaient qu'en puissance ou les faire naître de toutes pièces, de même encore la force vitale n'est que rarement affectée sans une stimulation extérieure qui mette en jeu ses prédispositions, ou qui joue à son égard le rôle de cause efficiente. Ainsi, la spontanéité vitale, incontestable en principe, ne trouve en fait que de rares applications.

7

Sollicitée par les motifs d'action, bons ou mauvais, et qui correspondent aux stimulus physiologiques et morbides, l'âme peut retenir ou accorder ses décisions ; elle peut choisir sans céder aux influences, comme nous avons vu qu'elle pouvait vouloir par un mouvement émané d'elle. De même, à côté de la spontanéité se place la résistance vitale, en vertu de laquelle le principe de la vie peut ne pas être influencé par les causes extérieures. C'est là ce qui arrive quand la prédisposition manque, et, à ce point de vue, la prédisposition peut s'entendre comme l'affaiblissement ou l'impuissance de la résistance vitale contre telle influence morbide.

Ainsi, notre volonté retrouve son semblable dans le monde vital ; la contingence est le parallèle du libre arbitre, et il n'y a pas plus de fatalité en pathologie qu'en morale.

Ces rapports d'influence réciproque entre le corps et le principe qui le fait vivre, aident à concevoir les grands problèmes de la santé, de la mort, et de la maladie, qui le plus souvent est l'intermédiaire des deux premiers états.

L'action de la force vitale sur l'organisme se manifeste par des actes normaux : c'est l'état de santé.

Cette action cesse de se produire : alors il y a mort, ou au moins mort apparente. Dans le premier cas, la force vitale a complètement perdu ses droits sur nos organes ; dans le second, elle a seulement cessé d'en

faire usage, sa faculté de manifestation n'existe plus
qu'à l'état de latence, de virtualité, état dont le règne
végétal fournit de si remarquables exemples. Ainsi,
la mort peut être comprise sans faire intervenir nécessairement la désorganisation du corps ou même l'anéantissement de la force vitale qui l'anime; tout ce qu'on
est forcé d'admettre se borne à la cessation du rapport
en acte et en puissance qui relie ces deux éléments.

Enfin, l'action de la force vitale, sous l'influence
d'une altération, d'une tendance particulière, au lieu
de s'exercer par les actes réguliers qui constituent la
santé, se traduit par un ensemble d'actes morbides
qui constituent la maladie. Cet état morbide peut consister dans une simple réaction, lutte réelle de la
force médicatrice contre l'action funeste et continuée
d'un stimulus morbide, lutte qui cesse avec la destruction de sa cause; il peut consister dans une affection indépendante ou émancipée, suivant qu'elle a
pris spontanément naissance, ou qu'elle doit son origine à une cause enlevée, et après l'impression de
laquelle elle continue néanmoins d'exister et d'agir.

Ces quelques réflexions étaient indispensables pour
servir de point de départ à celles qui sont annoncées
en tête de ce chapitre. C'est ainsi que le dogme im-
muable que Barthez a fait jaillir de l'école hippocratique, non-seulement nous aide à concevoir la relation
des faits et le mode d'action de leurs causes, mais en
rend l'exposition plus nette et plus facile. Bacon

disait qu'une hypothèse est utile quand elle sert à classer les faits et qu'elle rend compte de tous ; la doctrine vitaliste n'aurait-elle que ce titre à faire valoir, il est si bien établi, si rigoureusement vrai, qu'on pourrait dire, avec un mot de Voltaire : Si le principe vital n'existait pas, il faudrait l'inventer.

Examinons maintenant quelles sont les lois de la manifestation d'un état affectif des forces vitales, et cherchons parmi les actes qui la composent, le fait que nous avons convenu d'appeler une crise.

L'affection est un besoin morbide ; elle imprime à la force vitale l'obligation de produire certains actes anormaux, qui sont la maladie ; ces actes accomplis, achevés, l'état affectif n'existe plus, le besoin est satisfait ; l'affection s'est épuisée dans cet effort, il ne reste rien d'elle, comme la flamme d'un incendie s'éteint quand elle a consumé les matières qu'elle convoitait. A ce point de vue, la manifestation morbide a guéri l'état affectif, elle a été son moyen de solution, elle l'a jugé ; ainsi la maladie tout entière est la crise de l'affection. Mais analysons davantage et cherchons si, dans cet ensemble de symptômes divers, il n'y en a pas un dont le rôle spécial ait été d'amener ce résultat favorable.

Deux genres de symptômes différents s'offrent d'abord à nos yeux, suivant l'époque où on les observe, la période dont ils font partie. Dans la période de déviation, nous voyons les actes morbides devenir de plus

en plus aigus, de plus en plus graves , l'affection n'é-
puise donc pas ses forces à les produire ; quand vient
au contraire celle de restauration, les mouvements
vitaux changent de caractère : au lieu d'augmenter,
leur acuité diminue, ils sont de moins en moins prononcés, de moins en moins éloignés de mouvements
physiologiques, et peuvent ainsi revenir à l'état hygide, sans transition brusque, par degrés progressifs
et insensibles. C'est donc à ces symptômes qu'il faut
attribuer l'honneur d'affaiblir, d'épuiser l'état affectif.
Ainsi la période de restauration tout entière est une
crise. Cette crise par résolution insensible des maladies correspond à l'assimilation de la matière cuite
des humoristes, à ce qu'ils appelaient le *lysis*, ou la
crise sans matière , ce qu'il faut entendre comme crise
sans matière apparente.

Les choses pourtant ne se passent pas toujours ainsi,
et l'on sait qu'il est bien plus fréquent, surtout dans
les maladies aiguës, de voir la période de restauration
subitement interrompue par des phénomènes à caractères tranchés , plus violents, plus redoutables. Alors
le malaise, l'agitation s'emparent du malade ; il se
plaint de douleurs de tête, d'estomac, et d'un feu
qui le dévore à l'intérieur; quelquefois il pleure, il délire ; la respiration devient difficile , la face est vul-
tueuse, les yeux injectés ; la fièvre redouble de violence
et l'on croit voir revenir la période précédente. Mais
il n'en est rien : une hémorrhagie du nez, une sueur

générale, une diarrhée abondante paraissent et terminent la scène ainsi que la maladie ; dès-lors la convalescence débute, l'affection a brûlé comme d'un dernier feu , elle n'existe plus, et le malade n'a plus qu'à se remettre de la secousse qu'il vient d'éprouver. Voilà donc le symptôme qui a véritablement jugé l'état morbide , celui que nous pouvons à juste titre décorer du nom de crise.

Ainsi la crise termine la maladie, non pas parce qu'elle évacue la matière contre laquelle était dirigée la réaction de la nature ; non pas parce qu'elle substitue une irritation plus forte à une irritation plus légère ; non pas parce qu'elle succède comme suite naturelle à la guérison établie , mais parce que l'effort qu'elle nécessite emploie toute la puissance morbide ; parce qu'utilisée à produire la crise, la force qui constituait l'état affectif ne subsiste plus pour continuer les autres symptômes. On ne peut pas dire, avec les humoristes , que cet ensemble spécial de phénomènes a produit la guérison, puisqu'ils sont eux-mêmes le produit de l'affection qu'ils guérisent; on ne peut pas dire non plus , avec les Stahliens, qu'ils sont le résultat de la guérison , puisqu'ils concourent au contraire à l'établir. La crise n'est ni la cause de la guérison ni sa conséquence , elle en est le moyen ; elle tue l'affection , suivant l'heureuse expression de M. Jaumes [1], comme une fille tue sa mère.

[1] Jaumes ; Leçons inédites de path. gén. 1855.

Essayons de rendre notre pensée plus claire par des exemples. Nous avons parlé de l'analogie remarquable qui existe entre l'âme et la force vitale, profitons-en pour éclaircir le phénomène des crises. Le ressentiment qu'inspire un outrage peut se comparer à une affection morbide qui a besoin d'une manifestation. Cette manifestation peut être de diverse nature : tantôt elle prendra la forme d'une guerre sournoise, et les hostilités indéfinies dont elle se composera ne feront rien pour épuiser le sentiment de vengeance qui les entretient; seulement, peu à peu ces hostilités deviendront de moins en moins sérieuses, et graduellement, sous l'influence du temps, cette haine mourra comme de vieillesse. Cette solution est analogue à la crise appelée *lysis*. Mais ailleurs, des symptômes d'une violente colère éclateront tout d'un coup, et, après leur avoir ainsi donné libre cours, l'esprit de l'homme outragé ne conservera rien de son ressentiment: l'affection morale se sera jugée par une véritable crise.

Prenons un exemple encore dans le monde physique; ici, seulement, nous nous souviendrons que l'analogie est trompeuse et qu'il faut avec soin éviter les dangers d'une pareille comparaison.

Je suppose donc un conducteur en cuivre surmonté d'un pendule en fil, d'un pendule en soie, et d'un tourniquet électrique. Cet ensemble d'objets représente un corps vivant avec ses organes, et l'électricité neutre qu'il contient sera, pour le moment, la force vitale elle-même. J'ajoute à cette électricité neutre un excès d'électricité positive, pour jouer le rôle d'affection. L'affection va maintenant avoir sa manifestation morbide, constituée par les mouvements des divers organes que nous avons décrits : le pendule en fil, repoussé par sa tige, se tiendra dévié de sa position normale, ce symptôme n'épuisant en rien l'électricité en excès; le pendule en soie, placé près d'un corps bon conducteur, sera successivement attiré et repoussé , emportant chaque fois une parcelle de cette électricité; enfin, le tourniquet exigera pour sa rotation la déperdition rapide du fluide moteur, et, épuisant brusquement cette force, mettra fin d'un seul coup à tous les autres symptômes. Si nous supposons successifs ces phénomènes, qui sont simultanés, l'analogie sera complète : les premiers représentent la période de déviation , les phénomènes purement symptomatiques ; les seconds, celle de restauration ou la crise insensible, et les derniers sont la crise proprement dite , qui épuise l'excès d'électricité comparé à l'état morbide.

Ainsi, l'affection tend à se guérir spontanément par le moyen de certains actes faisant partie de sa manifestation, actes dont l'effort l'épuise en entier ; ces actes sont les crises.

Envisagées de cette façon, elles n'en proclament pas moins le dogme de la force médicatrice. Les facultés que l'affection met en jeu dans l'évolution du drame morbide, relèvent directement de la force vitale, dont cette affection n'est qu'un mode anormal. Cette force vitale, qui produit elle-même les divers actes dont se compose ce drame morbide, actes, les uns purement symptomatiques, les autres curateurs, pourra prendre, à juste titre, dans cette dernière intervention le nom de force médicatrice. N'est-elle pas essentiellement médicatrice, en effet, la faculté qu'elle a de produire certains efforts qui la ramènent à l'état normal, dont une cause interne et le plus souvent étrangère l'avait momentanément écartée ?

Il ne faut pourtant pas envisager cette force médicatrice comme ayant une existence à part et définie, comme une fraction toujours la même de la cause qui préside à l'existence, comme une faculté spéciale qui aurait pour destination de produire les crises dans les diverses maladies. D'après l'idée, en effet, que nous avons voulu donner de la crise, la force qui la produit fait partie intégrante de la cause morbide ou de la force vitale envisagée sous le point de vue de sa modalité affective. Il faut en conséquence, pour que le phénomène de la crise réponde complètement à l'idée que nous venons de nous en faire, que ce phénomène dépende de l'affection elle-même, qu'il en soit le but, la tendance, qu'il relève des mêmes forces qu'elle met en jeu. Une maladie qui vient supprimer cette affection par antagonisme, en mettant en jeu des forces différentes, ne présente plus le même caractère ; elle tue en effet cette affection, non pas en épuisant ses

propres forces, puisque au contraire elle en arrête
la manifestation, mais par une sorte d'annihilation
immédiate. Tels sont ces effets perturbateurs produits,
soit par une maladie intercurrente, soit par des moyens
artificiels qui, suivant M. Jaumes, « en émouvant le
» système vivant, l'occupent au point d'empêcher la
» réalisation du travail anormal déjà entrepris[1]. » La
métasyncrise ne peut se mettre au rang des phénomènes critiques.

De ce qui précède, nous pouvons faire aisément découler notre définition.

Suivant son acception la plus étendue, une crise
est un effet qui épuise et annule par l'effort qu'il nécessite, la force qui le produit.

L'idée de la crise n'est donc pas restreinte à la médecine ; toutes les sciences qui étudient des forces,
de quelque nature qu'elles soient, ont aussi leurs
crises. En physique, tout mouvement est la crise de
l'impulsion qui le produit ; en chimie, une réaction de
deux éléments est la crise de l'affinité qui les rapproche ; on pourrait dire, en météorologie, qu'un orage
sert de crise à l'état d'une atmosphère surchargée d'é-
lectricité. Mais ce terme n'est pas usité dans ces divers
sens, et, si nous en avons généralisé la définition,
c'est plutôt pour examiner jusqu'à quel point elle est
applicable à certaines expressions figurées.

---

[1] Jaumes ; Essai de pharm. thér. gén., tom. I, pag. 237.

On appelle souvent les guerres civiles et les révolutions des crises politiques ; cette acception vient de
l'idée de lutte , que le mot de crise impliquait dans
l'esprit des anciens, et qu'on peut rattacher à son étymologie en le faisant descendre de κρινειν , séparer ,
trier. Il est aisé de voir que notre définition générale
de l'idée de crise se prête encore mieux à un pareil
emploi ; les crises politiques ne sont-elles pas en effet
le produit et le moyen de solution de certains états
des peuples qu'on peut comparer à une affection morbide? On parle aussi, à propos d'un gouvernement ,
d'un commerce, d'un négociant, de crise financière ;
on veut ainsi désigner l'état de gêne qui tient les esprits
en suspens sur les événements qui vont se décider
et qui seront la ruine ou le salut ; ce mot employé
dans le même sens en médecine vient alors, selon Galien[1], de κρισις , jugement, d'après un terme emprunté
du barreau. Ici notre signification nouvelle ne légiti-
mera plus l'expression figurée, car le danger, dans ces
derniers cas , ne sert pas, bien s'en faut, à lever les
obstacles.

Nous avons maintenant à restreindre notre définition, pour ne l'appliquer qu'à la force vitale ; mais,
comme nous avons reconnu dans ses actes divers
genres de crise, nous devons les définir séparément.

---

[1] *Galeni in pronostica Hipp., comment. III; opera omnia Basil.*,
1542 , tom. IV, col. 790.

La crise insensible ou le *lysis* des anciens, la période de restauration, est une série de phénomènes morbides d'intensité régulièrement décroissante qui amènent, sans transition brusque, à l'extinction complète de l'état morbide dont ils relèvent. Cette crise se trouve en dehors de l'étude que nous nous proposons ici.

La crise proprement dite, ou crise avec matière des anciens, est un ensemble de phénomènes morbides brusques, intenses et rapides qui épuisent promptement, par l'effort que leur production nécessite, l'état de la force vitale dont ils dépendent. C'est la seule qui doive nous occuper.

CHAPITRE II.

QUELLES SONT LES MALADIES QUI ONT DES CRISES?

Rangeons d'abord les maladies d'après l'état morbide dont elles dépendent; nous reconnaissons des états morbides sub-actifs, réactifs et affectifs.

La sub-action est caractérisée par un anéantissement immédiat des forces vitales, sans réaction contre l'impression morbide et par conséquent sans manifestation, sans maladie. Cette définition exclut toute possibilité de crise.

La réaction, qui est la lutte de la force médicatrice contre une cause morbide venant du dehors, produit

un ensemble d'actes destinés à détruire cette cause,
et, cette cause détruite, tout rentre dans l'ordre. Il
n'y a donc pas non plus de crise dans les maladies
qui sont sous une pareille dépendance; car les symptômes qui les constituent ne guérissent pas l'état affectif par l'effort qu'ils nécessitent, mais bien parce
qu'ils sont parvenus à faire cesser le désordre qui
entretenait cet état.

Prenons un exemple : soit une fracture résultat
d'une chute. La fracture n'est pas la maladie; elle en
est la cause. Les forces vitales de la région blessée,
impressionnées par ce stimulus, appellent la réaction
nécessaire à la réparation du dégât; pour cela, la
fièvre s'allume et les vaisseaux transportent sur le
théâtre de la blessure les matériaux nécessaires à
cette restauration; un travail plastique s'organise, la
lymphe s'épanche, s'infiltre de matière calcaire, s'in-
dure, réunit les deux fragments, et lorsque la fracture,
cause de tout ce travail morbide, est enfin réparée, la
réaction qui l'entretient n'ayant plus de raison d'être,
la maladie est terminée. Où est ici le phénomène qui
a épuisé, suivant notre définition, l'état affectif de la
force vitale et joué à son égard le rôle de crise? Il
n'existe pas; il existe si peu, que si la fracture, par
une circonstance quelconque, ne peut se consolider
dans le temps voulu, les actes curateurs dirigés contre
elle continueront de se produire indéfiniment, tant ils
jugent peu l'état morbide; et, s'ils viennent à cesser

enfin, à permettre l'établissement d'une fausse articulation, ce n'est pas parce que l'un d'eux aura épuisé l'effort de l'état morbide, qui ne s'éteindrait qu'avec la vie, c'est parce que la lésion qui entretenait cet état aura fini par cesser d'être un stimulus ; la nature se sera habituée à son contact et ne réagira plus contre lui.

Cela est si vrai, qu'à *priori* on pourrait établir qu'il doit en être ainsi. En effet, supposons qu'il y eût, dans une réaction semblable, possibilité d'une crise ; quel serait son résultat, si l'on avait le malheur de la voir s'établir ? Son résultat serait de faire cesser la réaction, en épuisant l'état de la force vitale qui l'entretient, et, comme la réaction est la condition *sine qua non* de la restauration des dégâts, d'empêcher cette restauration, d'empêcher la guérison, contrairement à ce que nous étions en droit d'exiger d'elle.

Nous voyons maintenant combien ceci confirme ce que nous avons soutenu ailleurs, que, dans l'hypothèse des humoristes, les crises ne trouvent plus leur application. En effet, l'humorisme assimile toutes les maladies à nos maladies réactives : l'humeur peccante est, comme la fracture, la cause indispensable de la manifestation morbide ; la coction qui prépare l'humeur et l'acte qui l'élimine, c'est la réaction traumatique qui lutte contre le désordre matériel et tend à le faire cesser. Où est donc la crise, puisque toute la maladie est sous la dépendance de la cause, et ne peut cesser que par sa disparition ? En suivant l'hypothèse humorale, la crise tendrait à épuiser l'état qui entretient la réaction, sans que le but de cette réaction eût été rempli ; la crise s'opposerait directement à la guérison.

Ainsi nous devons réserver la notion de la crise pour les maladies affectives ; voyons maintenant si toutes les affections sont susceptibles d'en présenter.

Les maladies affectives aiguës ont des crises ; c'est même chez elles qu'on les rencontre le plus souvent et le mieux caractérisées; c'est elles qui en fournissent le véritable type. Ceci n'exige pas de démonstration ; c'est un fait établi pour tous ceux qui admettent l'existence des crises.

Les maladies chroniques ont aussi des crises, bien que tous les auteurs ne les aient pas reconnues. En premier lieu une maladie chronique, malgré sa tendance à perpétuer la première période, peut cependant être complète et présenter, comme les autres, suivant l'opinion de M. Jaumes [1], ses deux périodes de déviation et de retour ; et cette période de retour, qui est rare, je le répète, parce que la maladie chronique est le plus souvent tronquée, cette période de retour représente un premier ordre de crise assez naturel aux affections de ce genre. Les crises proprement dites y sont pourtant fréquentes elles aussi, et nous aurons plus tard l'occasion d'en citer des exemples. Bordeu [2]

[1] Jaumes; Leçons inédites de path. gén., 1855.
[2] Bordeu; Rech. sur les mal. chr.; Œuvres compl., tom. II, pag. 845.

les reconnaît et Dumas [1], qui émet la même opinion, en rapporte un grand nombre de cas.

Toutefois, on avoue d'un commun accord qu'elles s'y font avec plus de peine, moins fréquemment, et qu'elles ont bien plus besoin d'être favorisées. Comme elles deviennent pour cela plus difficiles à signaler, on peut dire, avec Landré-Beauvais, que « si l'on n'a pas toujours reconnu les crises dans les maladies chroniques, c'est que pour les voir il fallait apporter une attention plus soutenue que dans les maladies aiguës[2]. »

Cette tendance différente qu'ont les maladies aiguës et chroniques à se juger ou à ne pas se juger par leurs crises, est même ce qui constitue leur meilleure distinction ; la considération du temps qu'elles durent ne peut rendre compte, en effet, de la chronicité, puisqu'une maladie aiguë peut être, à la rigueur, plus longue qu'une maladie chronique, et il faut s'adresser, pour l'obtenir, à la disposition particulière qui est la cause de cette tendance. Une maladie aiguë ne passe pas à l'état chronique par cela seul qu'elle dure plus longtemps, mais parce qu'elle a pris un nouveau caractère ; la nature, qui avait une tendance manifeste à se débarrasser de son état affectif par une manifestation brusque, s'habitue en quelque sorte à cet état et le tolère ; elle s'habitue, en outre, aux actes mor-

---

[1] Dumas ; Doct. gén. des mal. chr., pag. 117.
[2] Landré-Beauvais ; loc. cit., pag. 589.

bides qui en dépendent, et ne réagit plus aussi vivement contre eux. Les actes morbides tolérés finissent
même par s'assimiler aux fonctions physiologiques et
par faire en quelque sorte partie intégrante de la vie.

Les humoristes, conservant les mêmes idées sur
les maladies chroniques, les expriment dans un langage différent. Pour eux, la chronicité tient à ce que
la nature particulière de l'humeur peccante rend sa
coctio ndifficile.

« Les maladies qui naissent de cette matière inca-
» pable de coction, dit Sydenham, sont appelées chro-
» niques.[1] » «Toute affection qui se change difficile-
» ment en aiguë, reprend Bordeu, et dont la coction a
» peine à se faire, est une affection chronique[2].»

Ainsi la crise ne manque pas dans le type des maladies chroniques ; seulement ces maladies y tendent
d'une façon beaucoup moins évidente. D'ailleurs, la
chronicité ne doit pas être absolument regardée comme
une qualité essentielle d'une affection particulière ; ce
défaut de tendance à produire sa crise ne tient pas
toujours, en effet, au caractère spécial de l'affection
elle-même, mais peut souvent être rejeté sur les
conditions particulières de l'individu qu'elle attaque.
Certains tempéraments, certaines circonstances extérieures font passer à l'état chronique des affections

---

[1] Sydenham ; *loc. cit.*, tom. I, pag. 5.
[2] Bordeu ; *loc. cit.*, tom. II, pag. 849.

naturellement aiguës. Dans ces cas, le caractère commun de faiblesse, d'atonie, qui s'oppose à la production de la crise, est accidentel plutôt qu'imputable à la nature de l'affection morbide.

Les diathèses ne sont-elles pas essentiellement privées de crises? « Leur manifestation, dit le professeur » Estor, ne change pas, ne détruit pas l'état inté- » rieur [1], » et un de leurs caractères principaux est que l'acte morbide ne juge pas ces affections, qu'elles subsistent après l'avoir produit. Après un accès de goutte, la diathèse goutteuse s'est-elle épuisée? Une affection cancéreuse se manifeste par une altération organique, enlevez la tumeur; avez-vous enlevé l'affection? Mais de ce que les diathèses n'ont pas cette tendance habituelle, en résulte-t il qu'elles ne puissent l'avoir quelquefois, qu'elle leur soit complètement incompatible? Nous ne le pensons pas. Les accès de goutte, de rhumatisme, d'hystérie nous offrent des exemples manifestes de crises. On a vu des cancers opérés ne pas récidiver : n'est-il pas à supposer que l'affection s'était épuisée dans cette dernière manifestation. L'incurabilité de la phthisie pulmonaire n'est pas absolue; ne citerions-nous à l'appui de cette opinion que les autopsies de Bicêtre et de la Salpêtrière [2]. L'épilepsie se guérirait spontanément dans un vingt-

---

[1] Estor; Analyse clinique, tom. II, pag. 1286.
[2] Voy. Grisolle; Traité de path. int., tom. II, pag. 487.

cinquième des cas, d'après M. Herpin [1]. Il n'est pas
jusqu'à la syphilis constitutionnelle qui ne puisse,
quoique bien rarement, trouver sa crise dans son évolution morbide ; Hunter regarde ce point comme
indécis : « Il n'est point certain, dit-il, que les éruptions ou les effets locaux de la syphilis constitutionnelle soient le résultat d'un effort de la nature pour
se délivrer de cette affection morbide [2]. » Mais la possibilité de la guérison spontanée de la syphilis est ad-
mise par Ricord et d'autres syphiliographes.

M. Jaumes [3] pense que dans les affections diathésiques, une seule attaque peut quelquefois donner satisfaction à la cause interne.

Ajoutons ici que les actes morbides des diathèses,
quand ils surviennent par attaques, peuvent être considérés comme des crises partielles, comme des crises
qui jugent une fraction seulement de l'état morbide.
Quand un goutteux, par exemple, est sur le point
d'avoir son accès, il éprouve des symptômes généraux
de malaise, d'anxiété vague que Barthez, à l'imitation
de Stoll, appelle goutte imparfaite, et qui ne peut
trouver sa solution que dans l'attaque elle-même, au
point qu'on peut être obligé de provoquer cette attaque.
« Dans cette goutte imparfaite, dit l'auteur que nous

---

[1] Herpin ; Du pronostic et du traitement curat. de l'épilepsie,
pag. 486.
[2] Hunter ; Traité de la maladie vénér., pag. 576.
[3] Jaumes ; *loc. cit.*, 1855 et 1856.

» venons de nommer, il faut aider la formation de l'at-
» taque de goutte si elle est jugée instante et présumée
» devoir être salutaire[1].» De même chez les épileptiques qui n'ont pas eu leur accès depuis longtemps,
ou chez qui cet accès a été reculé par les remèdes, il
se produit un état vague de souffrance, caractérisé par
de la céphalalgie, de la courbature, de l'anorexie, état
général qui ne se termine que par l'apparition de l'accès retardé. Dans ces divers cas, la souffrance générale qui précède l'attaque et se termine par elle, peut
être considérée comme l'expression d'une sorte de surcharge morbide qui s'est accumulée dans l'intervalle de
calme ; cette surcharge morbide pourrait aussi rendre
compte de la manifestation intermittente qu'affecte ce
genre de diathèses. A ce point de vue, l'attaque elle-
même devient, suivant une expression de M. Jaumes[2],
une sorte de trop-plein par lequel la force vitale écoule
cet excédant d'affection, et remplit complètement le
rôle d'une crise imparfaite.

Les maladies nerveuses ont-elles des crises? C'est
un point qui a été le sujet de vives discussions. Les
humoristes, qui dans la crise voyaient un mouvement
humoral, ont dû le plus souvent combattre pour la
négative, faute de pouvoir apprécier le phénomène critique. Hippocrate admettait pourtant les crises ner-

[1] Barthez ; Traité des maladies goutteuses, tom. I, pag. 189.
[2] Jaumes; *loc. cit.*, 1856.

veuses, d'après son fameux aphorisme : « La fièvre,
» survenant chez un malade affecté de spasme ou de
» tétanos, dissipe la maladie [1].» Nous citerons à propos des crises individuelles bien des exemples de crises
nerveuses, et nous pouvons nous appuyer déjà de l'o-
pinion de Dumas [2] et de Reil [3].

Ainsi, toutes les maladies auraient des crises ?
« Non, répond M. le professeur Fuster, beaucoup,
» tant parmi les aiguës que parmi les chroniques, n'en
» peuvent avoir et n'en ont pas. Une crise, surtout une
» crise légitime, exige des conditions pathologiques qui
» ne se rencontrent pas toujours malheureusement,
» elle exige un état de forces suffisant et harmonique [4].»
Il faut entendre par là que toutes les maladies peuvent,
en effet, avoir des crises, mais qu'elles se distinguent
par la vigueur avec laquelle elles les recherchent,
suivant qu'elles affectent les conditions qui leur sont
ou non favorables. C'est donc moins l'espèce particulière de la maladie que la forme qu'elle revêt de
préférence, qui en exclut les crises ou les rend difficiles. Ainsi la chronicité, l'élément asthénique, ataxique, adynamique se montrent peu enclins ou même
directement opposés à ce genre de solution ; mais la

---

[1] Hippocrate ; Aph., sect. IV, 57 ; éd. Littré, tom. IV, pag. 523.
[2] Dumas ; *loc. cit.*, pag. 124,
[3] Reil ; *Memorabilium clinicorum medico-practicorum* ; et *De cri-sibus genuinis morbis nervosis peculiaribus.*
[4] Fuster ; Thèse de concours, 1848, pag. 71.

chronicité, l'asthénie, l'ataxie, l'adynamie ne sont pas des actes morbides par eux-mêmes, ce sont des caractères spéciaux d'affections diverses. Il en résulte que les maladies qui les revêtent accidentellement voient disparaître leur disposition aux crises, et que celles dont ils sont le mode habituel y sont habituelment réfractaires. On peut dire, d'une manière générale, que les maladies aiguës ont le plus souvent des crises, les maladies chroniques rarement, et les diathésiques presque jamais.

Quelques observations encore avant de terminer ce chapitre.

Dans la recherche des crises, d'après leur rapport avec les maladies, nous avons employé ce mot dans son acception la plus étendue, qui lui fait embrasser à la fois l'état et l'acte morbides. Cette remarque est rendue nécessaire, parce qu'on trouve dans quelques auteurs le terme de crise employé à propos de l'acte morbide lui-même, expression dont nous ne voulons pas être solidaire. Il est presque inutile de faire remarquer, en effet, que d'après la définition de la crise, cet acte ne juge la maladie qu'indirectement, en jugeant la cause dont cette maladie est comme elle une dépendance, et qu'il est par conséquent inexact de dire qu'un flux de larmes est la crise d'une attaque d'hystérie, ou que la sueur est la crise d'un accès de fièvre.

On admet encore que certaines lésions locales peu-

vent guérir par une crise ; ainsi les ascites, les épan-
chementspleuraux, etc. Nous l'admettons également,
sans contredit, et nous citerons plus tard des exemples
à l'appui. Mais pour qu'une crise puisse enlever de
pareilles lésions locales, il faut que ces lésions ne
soient pas un fait devenu complètement indépendant
de sa cause, et que leur persistance tienne à la persistance d'un état morbide qui les domine ; alors la crise
peut juger cet état morbide et supprimer la lésion
qu'il entretenait. Je vais rendre ma pensée plus claire
par des exemples. Une exostose peut subsister après
la guérison de la syphilis constitutionnelle qui en avait
provoqué la formation ; il est désormais impossible
que cette infirmité se guérisse par une crise, cela est
évident. Mais une hydropisie se maintient, par exemple,
après la guérison de la péritonite qui lui a donné naissance ; ici la lésion locale est toujours susceptible de
guérison par une crise, mais c'est qu'elle ne peut pas
être isolée d'un état affectif qui l'entretient ; en effet,
dans une lésion de ce genre, il est évident qu'il y a
toujours une altération fonctionnelle, sans quoi, les
lois normales de l'absorption s'exerçant, l'excédant du
liquide serait bientôt enlevé. Or, le résultat de la crise
étant alors de juger l'état morbide qui empêche l'absorption ou qui reproduit le liquide absorbé, l'épanchement peut disparaître comme conséquence de cette
guérison. C'est ce qui explique pourquoi dans ces cas
la ponction simple n'est jamais que palliative, tandis

qu'une diarrhée critique guérit complètement; c'est
ce qui peut se tourner en nouvelle objection contre les
humoristes , qui voient dans le flux intestinal l'issue
de la matière même de l'épanchement reprise sur un
point et rejetée par un autre ; car s'il suffisait d'enlever
cette matière, la ponction devrait être un moyen directement curateur.

CHAPITRE III.

DES DIVERSES ESPÈCES DE CRISES.

On a établi beaucoup de divisions parmi les crises;
les unes reposent sur leur nature propre, les autres
sur le danger qui les accompagne, d'autres encore sur
leurs rapports avec l'affection qu'elles jugent.

La première distinction qui doive nous occuper ,
est celle des crises avec matière, et des crises sans
matière des humoristes. Ces auteurs avaient remarqué,
non sans raison, que bien souvent les maladies se
guérissent par une évacuation morbide ou fonctionnelle brusque et accompagnée d'une exacerbation des
symptômes; que d'autres fois le retour à la santé se
produisait lentement et sans perte humorale apparente;
à ces deux modes différents de guérison ils avaient
appliqué les termes que nous venons de mentionner.
Dans le premier cas, la matière peccante était évacuée
en masse: crise avec matière; dans le second, elle

était assimilée pour être rejetée lentement suivant les
lois des sécrétions normales : crise sans matière ,
insensible, *lysis*.

Cette division répondait à la plupart des faits, mais
en laissait pourtant quelques-uns en dehors, que les
humoristes, il est vrai, n'étaient pas trop portés à admettre. Il est des crises où la coction n'est pas évidente, où pour le moins aucune excrétion normale ou
morbide n'en est la conséquence, et qui pourtant se
font par une recrudescence de symptômes et amènent
rapidement la guérison. On ne peut les ranger parmi
les crises avec matière, puisqu'elles ne portent pas le
caractère de l'évacuation humorale sensible ; et tout
en accordant que les produits de la coction aient été
assimilés et rejetés plus tard, on ne peut non plus les
classer parmi les crises insensibles, puisque leur apparition a été tranchée et leurs résultats rapides.

D'ailleurs, puisque nous enlevons au fait du mouvement humoral lui-même la qualité critique que les anciens lui reconnaissaient, nous ne pouvons plus établir
sur cette unique considération une distinction aussi
fondamentale. Nous appellerons donc les crises avec
matière des humoristes , c'est-à-dire celles qui se font
rapidement et présentent un caractère bien dessiné,
crises sensibles ou proprement dites , et nous réser-
verons le nom de crise insensible ou improprement
dite, au *lysis*, à la période de restauration tout entière, quand elle accomplit son cours régulièrement

et sans interruption. C'est sur cette distinction que nous avons déjà fondé notre définition des crises.

Dans la crise proprement dite, qui fait seule le sujet de ce travail, nous devons pourtant reconnaître que le fait d'une évacuation humorale donne un caractère spécial à un grand nombre d'espèces diverses, et nous serons forcé de conserver cette expression, pour baser une division secondaire. Ainsi, la crise proprement dite se subdivise en crise avec matière et crise sans matière; ces deux genres n'embrassant plus de cette façon toute l'étendue de l'idée que comprend le mot de crise, mais se trouvant restreinte à celle de la crise proprement dite.

On a encore divisé les crises en favorables et en funestes. Cette distinction est exacte; il est, en effet, des crises qui, au lieu d'amener la guérison, entraînent de grands dangers ou la mort. Hippocrate regardait comme une crise la terminaison par la mort, et Galien dit aussi : « *Judicatio est subita in morbo, vel ad sani-* » *tatem, vel ad mortem mutatio*[1]. » Ce n'est pas ainsi qu'il faut entendre qu'une crise peut être mortelle; car, selon la remarque de Baillou, la mort n'est pas une crise ; au contraire, elle survient le plus souvent par son défaut. Mais il peut arriver que les mouvements critiques emploient, pour se produire, une telle somme de forces, qu'il n'en reste plus pour l'entretien des

---

[1] *Galeni in Aph. Hipp.*, lib. 2, XIII ; *loc. cit.*, tom. VII, col. 45.

actes vitaux , il peut arriver également qu'ils soulèvent
des réactions mortelles; dans ces divers cas, l'affection
s'est jugée, mais la mort arrive malgré cela, par les
conséquences immédiates de la crise. C'est alors qu'on
peut dire, dans toute la force du terme, et selon l'expression de M. Jaumes, que le malade est mort guéri.

Quand la mort est le résultat d'une crise, elle peut
arriver immédiatement, ou bien après deux ou trois
jours ; il peut se faire aussi qu'une première crise af-
faiblisse seulement le malade, et qu'une autre l'achève.

Lorsque les crises sont favorables, elles peuvent
amener immédiatement la convalescence, on les dit
alors complètes ou parfaites ; elles peuvent n'amener
qu'un changement en mieux, qui se termine par une
autre crise ou insensiblement , ces crises sont dites
incomplètes ou imparfaites. Les crises imparfaites
peuvent aussi ne produire qu'une guérison momen-
tanée, qui est bientôt suivie de rechute. C'est ce
qu'Hippocrate exprimait ainsi : « Ce qui reste dans ces
» maladies , après la crise , produit ordinairement des
» récidives [1]. »

Nous distinguerons encore les crises en régulières
et irrégulières. Les premières sont celles qui arrivent
suivant le type de la maladie et au moment qui leur
est réservé , qui sont précédées de leurs symptômes
avant-coureurs et constituées par leurs phénomènes

[1] Hippocrate; Aph., sect. II, 12; éd, Littré, tom. IV, pag. 473.

habituels. Mais une maladie peut se juger par une crise différente de celle qui fait partie de sa forme accoutumée ; la crise peut survenir sans les signes qui l'annoncent, au milieu de la période de crudité par exemple ; et avant que la nature ne soit disposée à céder sous leur effort, elle peut présenter dans son évolution des caractères insolites, tous ces divers actes rendant légitime la qualification d'irrégulière.

Les crises ont été divisées encore, suivant le siége qu'elles choisissent, en externes et en internes, cette différence influant beaucoup sur leur nature plus ou moins dangereuse.

Nous ferons ici quelques réflexions au sujet de cette division. Il ne faut pas confondre la métastase avec une crise ; quand une inflammation, par exemple, survenant sur un organe noble, supprime une lésion qui siégeait à l'extérieur, il n'y a pas toujours crise, parce que la maladie qui remplace l'autre ne juge pas toujours l'état morbide dont elle déplace la manifestation. La distinction entre la métastase et la crise sur un organe interne, bien qu'arbitraire en apparence, est pourtant, quand on y réfléchit, extrêmement rigoureuse. Si l'affection localisée sur la peau transporte sur un organe noble son effort critique, bien que les résultats de cette crise risquent fort d'être funestes par la délicatesse de leur siége, on ne doit cependant pas méconnaître la nature de son intention ; mais si la lésion qui surgit à l'intérieur et supprime, par les forces qu'elle emploie, la manifestation externe de l'affection qui la domine , si cette lésion nouvelle n'est que le transport sur un autre point de la période aiguë de cette affection , sans tendance à la terminer, il y a simple changement de lieu, au détriment du malade; il y a métastase et non pas crise.

La crise doit être également distinguée de la révulsion , avec laquelle on l'a quelquefois confondue. La révulsion n'est pas la crise, mais elle peut la déterminer ; la crise n'est pas la révulsion, mais elle peut la produire , et c'est là ce qui les a fait regarder comme identiques.

Par une loi reconnue depuis Hippocrate, la nature ne peut s'occuper convenablement de deux travaux morbides à la fois ; la lésion nouvelle qu'elle accomplit dans un organe, soit spontanément , soit après y avoir été provoquée , porte nécessairement atteinte à la régularité du travail qu'elle avait entrepris ailleurs. Il en est ici de la force vitale comme de l'esprit , qu'une idée peut aisément distraire d'une autre. Si, au moyen d'une fluxion sur le tube intestinal, par exemple , la nature se distrait spontanément ou se laisse distraire d'un travail qu'elle avait d'abord entrepris vers la poitrine , il n'y a là que révulsion ; révulsion qui peut être avantageuse , parce que la lésion de l'intestin est moins grave que celle de la poitrine qu'elle empêche, mais qui n'est pas critique. Si , d'autre part , la nature accomplit sur l'intestin un acte dont l'effort est critique à l'égard de l'affection qui la fait agir, acte qui eût été tout aussi critique sur le lieu de la lésion primitive, malgré les dangers qu'il eût peut-être entraînés, c'est moins par la révulsion que ce travail se montre alors favorable, que par l'accomplissement même de l'acte critique, dont la direction vers l'intestin a seulement supprimé les dangers. La révulsion et la crise peuvent souvent agir de concert. La révulsion peut être critique si, en changeant le lieu de la lésion, elle détermine en même temps la nature à l'accomplissement de ses actes judicateurs; la crise peut être révulsive si, en se faisant loin de l'organe primitivement malade, le travail qu'elle nécessite dans une autre région supprime celui qui se faisait dans la première, en déplaçant les mouvements de l'affection avant d'avoir réussi à l'éteindre; déplacement qui peut avoir un effet utile, quand la crise eût été dangereuse sur le lieu primitivement malade. Ainsi, la révulsion et la crise peuvent se compliquer, mais non pas se confondre.

A ces distinctions classiques on pourrait en ajouter quelques autres; on pourrait admettre des crises apparentes quand leurs phénomènes seraient aussi évidents que leurs résultats, et des crises cachées quand, les résultats existant, leur cause resterait inconnue. N'est-il pas des cas où les maladies se suppriment par un prompt retour à la santé, différant, d'une part, de la crise insensible par la rapidité de la convales-

cence , différant de la crise habituelle par le silence
que cette crise a observé. La nature peut se contenter,
en effet, pour ses efforts judicateurs, d'actes si légers,
à réactions si faibles , qu'ils passent inaperçus et laissent quelquefois le mérite de la guérison à une intervention qui ne pouvait la produire.

Lorsque j'entrai à l'hôpital de Nimes , il n'y était
question que d'un cas extraordinaire de guérison, dont
une jeune fille, Marie Aillaud , venait de présenter
le spectacle. Il s'agissait d'un kyste ovarique gros
comme une tête de fœtus, et déjà fort ancien , qui
avait disparu très-rapidement sans qu'aucun phénomène sensible eût accompagné cette résolution ; il n'y
avait eu ni perforation, ni sueurs , ni flux de ventre ,
ni surabondance d'urines, ni aucun des événements
auxquels en pareil cas on reconnaît ou même on pourrait reconnaître des qualités critiques. Le fait parut
si surprenant que , je ne sais sous quelle responsabilité, il figura dans une publication religieuse, en qualité de miracle dû à l'influence des eaux de la Salette.

Ce cas est un exemple remarquable de crise cachée.
Évidemment, sous l'influence d'un phénomène critique
assez léger pour passer inaperçu, l'état morbide qui
entretenait la lésion locale avait été jugé , et la lésion
locale avait alors rapidement disparu.

Un autre genre de crises nous paraît important à
établir , parce que sa notion recule les limites de ce
grand fait pathologique; je veux parler des crises préventives.

Nous avons vu qu'un état morbide, en se manifestant par les actes vitaux qui constituent la maladie, s'épuise par la production de certains d'entre eux. Ne peut-on concevoir que cet état affectif ne produise par exemple, parmi ces actes morbides, que ceux qui doivent le juger, que la crise ; et que l'organisme, à cette condition, se trouve quitte de toute la maladie ?

Ce n'est là qu'une hypothèse, parce qu'il n'y a pas de preuve possible ; ne pouvant constater l'existence d'une affection que par ses symptômes visibles, par sa manifestation, et ne pouvant assurer qu'elle n'a été guérie qu'à la condition qu'elle ait existé, il est naturellement impossible d'affirmer qu'une crise a jugé une affection qui ne s'était pas encore traduite en actes morbides. Mais, si la certitude ne peut être acquise, on peut atteindre pourtant jusqu'à une certaine probabilité, établie sur différentes considérations.

Dans quelques cas, un acte morbide habituellement symptomatique et souvent revêtu en sus de qualités critiques, apparaît seul, évolue rapidement, et disparaît, laissant après lui la santé la plus complète. Telle est la condition que remplit l'épistaxis par exemple : l'épistaxis est le plus communément un symptôme de congestion cérébrale intense ou légère, d'atonie générale, de fièvres inflammatoires ou aiguës, etc. Dans la plupart de ces cas, elle prend fréquemment le caractère de crise ; toutefois on la voit survenir seule, sans être précédée ni suivie de symptômes morbides

qui lui soient étrangers. Ces divers détails ne rendent-
ils pas sinon vraisemblable, du moins admissible, la
supposition que nous avons émise ? N'est-il pas étonnant de voir cette épistaxis souvent symptomatique
apparaître comme acte morbide idiopathique ; et, cela
étant, est-il déraisonnable, en voyant en outre qu'elle
ne laisse après elle aucun dérangement dans la santé,
de lui attribuer des qualités critiques qu'elle possède
si souvent, et de penser alors qu'une congestion cérébrale, une fièvre aiguë, etc., sur le point de se produire, a été jugée par sa crise, avant de se manifester par ses symptômes ? Combien cette supposition de-
viendra plus probable encore, si l'épistaxis que nous
considérons est survenue dans les conditions où l'une
de ces maladies eût pu trouver naissance.

Cette dernière condition, si elle est bien remplie,
nous semble apporter beaucoup de poids à l'hypothèse
que nous formons, surtout si elle s'ajoute à toutes les
autres. Si un individu s'est trouvé entouré des circonstances qui le plus souvent provoquent un état morbide,
s'il s'est manifestement exposé aux causes déterminan-
tes d'une affection, et qu'il survienne un symptôme
rarement idiopathique, fort souvent critique, et qui le
laisse affranchi de toute maladie, ne pourra-t-on pas
supposer avec quelque droit que l'affection s'est jugée
avant que de se produire ? Or, de pareils faits se rencontrent. Nous en citerons de relatifs aux sueurs. La
sueur, quand elle est abondante, est certes un sym-

ptôme rarement idiopathique et souvent critique. Elle survient dans des cas où des contagions et des infections ayant été très-probables, elle paraît empêcher la manifestation des états morbides que ces causes auraient dû produire.

Ce symptôme a été, en effet, considéré comme préventif de maladies contagieuses et de l'affection paludéenne chez les habitants des pays marécageux. Sydenham a lui-même reconnu ce fait, en grande vogue de son temps, et Grimaud [1] en admet tellement le principe qu'il en donne une explication : suivant lui, le miasme ou le virus ayant pénétré l'organisme, serait expulsé par ces sueurs préventives avant d'avoir encore produit une impression assez profonde pour constituer la maladie ; cet état intermédiaire entre l'impression morbide accomplie et l'absence de toute impression morbide, est ce qu'il appelle état de contagion, état dont il décrit même les symptômes d'après Grant. Dans ces cas, se fondant sur l'exemple de la nature, il conseille les sudorifiques, auxquels peuvent être joints, suivant les indications spéciales de cet état de contagion, la saignée, les émétiques, les purgatifs. Stoll, Sydenham, Pringle, lui fournissent des faits pour corroborer cette médication préventive.

Bien que l'exemple que nous choisissons soit interprété par Grimaud d'une façon un peu différente, il

[1] Grimaud ; *loc. cit.*, tom. III, pag. 311.

ne nous en paraît pas moins confirmer notre opinion.
La sueur, pour Grimaud, évacue le miasme ou le virus
avant que son impression ait été complète; mais comme
nous avons grande peine à comprendre cette demi-im-
pression, qui n'a pas d'ailleurs une demi-manifestation,
et se trouve sans raison d'être, puisque le miasme, en
réalité, ne séjourne pas moins longtemps dans nos
tissus que lorsqu'il produit une impression complète,
nous sommes bien forcé de nous rabattre, en admet-
tant la réalité de l'infection miasmatique, sur la qualité critique des sueurs qui paraissent alors, et qui
jugent l'état morbide par anticipation.

Raymond[1], parmi d'autres cas de sueurs préventives, rapporte que, durant la peste de Marseille, il
fut préservé de ce fléau par des sueurs qui s'établirent
sous ses aisselles. S'il est vraisemblable qu'il y ait eu
réellement contagion, il faut admettre, ou que les sueurs
ont agi en chassant la cause avant son action sur la
force vitale, ce qui est difficile à croire; ou qu'elles
ont servi de crises préventives.

Nous ne voulons pas insister davantage sur une hypothèse dont la démonstration absolue nous paraît
d'ailleurs impossible; mais il est une autre manière
d'envisager le même ordre de faits, qui du moins ne
permet aucun doute sur la réalité des crises préven-

___

[1] Raymond; Traité des maladies qu'il est dangereux de guérir.
1816, pag. 50.

tives. L'admission de ces dernières, avec cette modification dans la manière de les interpréter, repose sur l'existence de maladies qu'il est dangereux de guérir ; existence reconnue par la plupart des praticiens, mise pour la première fois sous forme de principe général par l'ouvrage de Raymond (de Marseille), et dont notre ami M. Saintpierre [1] a fait tout récemment le sujet de sa thèse inaugurale. Or, s'il est vrai que la suppression de certaines maladies offre des effets désastreux ; s'il est vrai, par exemple, qu'on s'expose dans certains cas à voir surgir une affection tuberculeuse des poumons après la suppression d'hémorrhoïdes, de sueurs partielles, de fistules à l'anus, il faut bien admettre, sinon que cette fistule à l'anus remplacée par une phthisie pulmonaire était la manifestation critique d'une diathèse qui se jugeait par cet acte morbide avant d'avoir produit sa manifestation pathognomonique, pour le moins que les forces vitales employées à cette manifestation étaient par cela même détournées d'une tendance à prendre un autre caractère et à constituer l'affection qui s'est plus tard établie. Et, remarquons ici combien peu cette interprétation diffère en fait de celle que nous avions d'abord exposée ; qu'une affection existe réellement et se juge par sa crise avant de produire ses symptômes habituels ; ou bien que l'emploi des forces vitales destinées à produire cette

[1] Saintpierre ; Thèse inaugurale, 1857.

crise, empêche que ces forces ne se constituent en état morbide définitif, ce ne sont, à tout prendre, que des points de vue différents d'une même pensée.

Il existe donc, à proprement parler, des crises préventives, et cette dénomination pourrait servir de titre à l'étude des maladies utiles ; on pourrait encore, en observant les coutumes de ces crises, les subdiviser en plusieurs catégories. Ainsi, les unes, se rapprochant le plus du type des crises communes, paraîtraient une fois pour toutes ; les autres, soit qu'elles n'eussent été que partielles, soit qu'une prédisposition très-prononcée rendît à tout instant imminente la formation de l'état morbide à prévenir, reparaîtraient à des époques périodiques ; enfin, une troisième catégorie de crises préventives serait les permanentes, qui se prolongent indéfiniment, comme si elles ne pouvaient être complètes qu'à la condition d'être éternelles.

CHAPITRE IV.

DES CRISES DANS LEUR RAPPORT AVEC LE TEMPÉRAMENT, L'AGE, LE SEXE, LES SAISONS, ETC.

Les influences provenant des dispositions particulières que les malades peuvent offrir, ou des circonstances au milieu desquelles ils se trouvent placés, portent sur les crises de deux façons différentes : elles

les rendent plus ou moins faciles ou fréquentes, et les dirigent vers tel ou tel organe de préférence.

Ce qu'on peut dire sur ce point de plus général, c'est que toutes les causes qui agissent en portant atteinte au système des forces, en ralentissant pour ainsi dire les mouvements vitaux, rendront aussi les crises plus difficiles ; c'est pourquoi elles sont plus rares chez les sujets affaiblis par l'âge, la misère, les chagrins, ou le traitement qu'ils ont subi ; sous les climats froids et pluvieux, et pendant les saisons qui présentent ce même caractère ; enfin, dans les pays où le sol est humide et marécageux, où l'air est chargé de vapeurs malsaines, où la lumière est rare, où se trouvent, en un mot, réunies toutes les causes habituelles de débilitation. Au contraire, tout ce qui prédispose au tempérament sanguin, à une constitution vigoureuse, tout ce qui favorise l'accomplissement régulier, prompt et facile des fonctions vitales, favorisera de même l'apparition et les effets utiles des crises.

Le tempérament sanguin a pour caractère de bien rechercher ses crises ; c'est sur les individus qui en sont doués, qu'on en rencontre le type le mieux accusé, les résultats les plus remarquables. Les maladies présentent chez eux, par excellence, le caractère d'acuité, principale condition pour augmenter la tendance à de semblables terminaisons. Aussi, devons-nous prévoir que les crises les plus promptes, aux conséquences les plus énergiques, seront recherchées par elles de

préférence ; ce sont en effet les hémorrhagies qui
jugent le plus souvent les maladies dans ces conditions.

Le tempérament bilieux favorise aussi, quoique à
un moindre degré, l'activité pathologique, et fait aussi
revêtir aux maladies le cachet d'acuité, qui en est la
conséquence. Pourtant les crises n'y sont pas aussi faciles, et l'art a plus souvent besoin de venir à leur secours ; c'est ce qui faisait dire à Stoll, Finke, Guidetti,
que les maladies bilieuses n'avaient pas de crises. Les
crises de ces tempéraments seront le plus souvent des
vomissements, des selles, des flux de bile, des éruptions.

Le tempérament lymphatique se rapproche davantage des conditions défavorables à l'apparition des crises.
Chez l'être qui en est doué, tous les actes languissent,
même à l'état physiologique. « Les fonctions, dit
» Cabanis, et tous les mouvements quelconques se font
» pour lui d'une manière traînante ; sa vie a quelque
» chose de médiocre et de borné; en un mot, le pi-
» tuiteux sent, pense, agit lentement et peu.¹ » Le
même caractère de faiblesse et d'inactivité se présente
dans les maladies dont il est affecté, et qui chez lui
passent bien plus facilement à l'état chronique. Par la
même raison que les symptômes sont moins violents
que chez le sanguin, et que la mort est moins à
craindre dans la première période, la santé se rétablira

¹ Cabanis; *loc. cit.*, tom. I, pag. 388.

moins facilement et moins vite, et les crises seront plus pénibles, plus lentes à venir, plus souvent impossibles ou impuissantes. Aussi, c'est chez eux surtout que l'intervention médicale devient possible et utile : possible, parce qu'elle n'est pas prévenue par la rapidité des accidents ; utile, parce qu'au lieu d'attendre patiemment la crise, il faut aller à son devant ou même la produire. Les crises que ce tempérament affectionne se font par les flux muqueux, les sueurs, les urines, par des éruptions, des dépôts, des inflammations locales, etc.

Nous ferons les mêmes réserves pour le tempérarament nerveux. L'élément qui le caractérise et qui vient si souvent compliquer ces maladies, est un des plus impropres à l'établissement facile des crises, par l'irrégularité, le désordre qu'il introduit dans les actions vitales. Il faut toujours le combattre pour favoriser l'établissement des actes judicateurs, et c'est pour cela qu'Hippocrate disait: « Il vaut mieux que la fièvre » survienne au spasme, que le spasme à la fièvre[1]. »

La constitution, s'ajoutant aux influences du tempérament, servira aussi d'adjuvant ou d'obstacle aux crises ; une constitution saine prédispose en effet aux crises promptes et complètes, tandis que dans le cas opposé les crises seront plus souvent lentes, irrégulières et imparfaites.

---

[1] Hippocrate ; Aph., sect. II, 26 ; éd. Littré, tom. IV, pag. 479

Les âges diffèrent, comme on le sait, par le tempérament qui prédomine dans chacun d'eux et par des
tendances différentes dans la localisation des actes
morbides. Ces différences devront influer à leur manière sur le caractère de leurs crises. «Samoïlowitch
» a observé que dans la peste qui régnait à Moscou,
» les dépôts se faisaient chez les enfants sur les glandes
» de la tête, sur les glandes des aisselles dans la jeu-
» nesse, et enfin dans les aines à un âge plus avancé[1]. »

Dans l'enfance, l'effort morbide se faisant vers la
tête, c'est donc surtout dans ces points que se ma-
nifesteront les crises; son tempérament lymphatique
influera sur leur nature; aussi voyons-nous les maladies
se juger à cet âge par diverses éruptions de la face,
l'herpès labialis, l'impétigo, par des écoulements de
l'oreille, des parotides, etc.; en outre, quand des hémorrhagies critiques auront lieu, ce seront de préférence
des épistaxis. L'énergie vitale étant moindre, à tout
prendre, que chez l'adulte, les crises seront plus
lentes et plus difficiles; mais, grâce à la mobilité qui
la caractérise, elles pourront être inespérées. «L'en-
» fance, dit M. Fuster, est l'âge des résurrections,
» suivant le proverbe, et il n'est pas de praticien qui
» ne puisse citer des faits en faveur de ce dicton po-
» pulaire.C'est qu'alors la force vitale, si elle ne jouit pas
» de toute l'énergie qu'elle a plus tard, a au moins

[1] Grimaud ; *loc. cit.*, tom. I, pag. 30.

» un grand caractère de mobilité, et que sa résistance
» aux causes morbides peut être comparée, jusqu'à
» un certain point, à celle du roseau contre le vent. »

L'âge adulte relève du tempérament sanguin; c'est
là que nous trouverons des maladies aiguës, inflammatoires, pléthoriques, se jugeant nettement par des
crises complètes et rapides. Leur effort se dirigera le
plus souvent vers la poitrine, et dans ce cas, suivant
leur nature, pourra s'accompagner de dangers. Les
hémorrhagies, les sueurs, les crachats seront leur
forme la plus commune.

Enfin, la vieillesse prédispose aux flux de ventre,
et revêt les caractères du tempérament bilieux. Sa
faiblesse est une cause défavorable à la production
des crises. « Les catarrhes et les coryzas, dit encore
» Hippocrate, n'arrivent pas à maturation chez les
» personnes très-âgées [1]. »

La femme tient de la nature de l'enfant et du tempérament lymphatique, bien que Roussel [2] lui attribue
le sanguin. Les crises, dans leur sexe, devront res-
sentir l'influence de cette double analogie. De plus,
en raison des organes qui les distinguent et du travail
spécial dont ils sont le siége, leurs crises auront un

---

[1] Hippocrate; Aph., sect. II. 40; éd. Littré, tom. IV, pag. 483.

[2] « Il paraît donc que le tempérament qu'on appelle sanguin est
en général celui des femmes; elles en ont les attributs, c'est le
plus favorable à la beauté et le plus approprié à la trempe de leur
esprit. » Roussel; Système phys. et moral de la femme, pag. 55.

nouveau moyen de se produire, qu'elles mettront souvent à contribution de préférence aux autres. La matrice « étant plus fréquemment en action , dit Grimaud , la nature est comme invitée et sollicitée à porter sur elle tous ses mouvements[1] . »

Enfin , par la raison que deux êtres distincts ne sont jamais identiques , il peut se faire qu'une crise rendue probable par toutes les considérations tirées de l'âge , du sexe , du tempérament et surtout de la nature particulière de la maladie, cède la place à une crise d'un autre genre. S'il en était ainsi une fois seulement, on l'attribuerait à une cause inconnue ; mais si le fait se reproduit , cette tendance à une crise identique , en opposition avec toutes les lois qui les régissent, doit avoir sa cause dans l'individu qui la présente, et tenir à son idiosyncrasie. On en trouve de nombreux exemples ; il est des individus chez qui les maladies, même les plus diverses , se terminent par une crise insolite et constante ; chez l'un , toutes se termineront par des sueurs, chez l'autre par des hémorrhagies, etc. Il faut noter avec soin ces particularités , ou s'en enquérir, pour en tirer profit dans le traitement de leurs affections.

Les saisons doivent influer sur les crises, puisqu'elles font prédominer dans les maladies tel ou tel élément

---

1 Grimaud ; *loc. cit.*, tom. I, pag. 27.

morbide : l'été prédispose aux sueurs critiques, le
printemps aux hémorrhagies, l'automne aux flux de
ventre, et l'hiver aux urines. Les constitutions médicales apporteront également leur modification particulière qui, à ce titre, pourra être indépendante de
la saison ; et de même qu'elles feront prévaloir le règne
de tel genre de maladies, elles pourront consacrer
leur solution par telle espèce de crise. On conçoit
combien cette observation doit influer sur la marche
à suivre dans le traitement des maladies. Sydenham,
qui était maître en fait d'expérience, se gardait bien
de négliger cette ressource, comme il nous l'apprend
lui-même : « Ainsi, dans une si grande obscurité, la
» méthode que je suis, principalement lorsqu'il com-
» mence à paraître de nouvelles fièvres, est de tempo-
» riser d'abord et d'aller bride en mains, surtout quand
» il s'agit d'employer les grands remèdes. Pendant ce
» temps-là j'examine soigneusement quelle est la nature
» et le caractère de ces maladies, quelles choses sont
» bonnes et utiles aux malades, afin de rejeter les
» unes et d'employer les autres [1]. »

Les climats tempérés sont ceux qui conviennent le
plus aux crises ; et voilà pourquoi la Grèce en présen-
tait à Hippocrate un tableau si caractérisé. Le midi
de la France, l'Italie, se trouvant dans les mêmes conditions, sont également très-favorables à la production

---

[1] Sydenham; *loc. cit.*, tom. I, pag. 15.

des crises ; les climats plus froids ou plus chauds les
rendent moins faciles, et influent sur leur nature d'après
l'influence qu'ils exercent sur le caractère des maladies
et le tempérament des individus. « Coray, dans ses
» notes savantes sur le Traité de l'air, des eaux et des
» lieux, assure qu'en Italie et dans les pays chauds,
» les sueurs sont fréquentes ; qu'en Hollande et en
» Angleterre, les dépôts sont plus communs ; que dans
» l'ouest de la France, l'éruption miliaire jugerait
» plus souvent les maladies, tandis qu'à Paris les
» phénomènes critiques seraient plus variés [1]. » Cette
différence ne peut pourtant jamais être fondamentale,
et par exemple, Freind [2], ainsi qu'Aymen [3], a remarqué que les fièvres épidémiques décrites et observées
par Sydenham en Angleterre, sont parfaitement semblables à celles qu'Hippocrate décrit et dit être arrivées
à Thasso.

D'autres considérations peuvent encore influer sur
la production des phénomènes critiques. « Baglivi a
» annoncé qu'ils avaient lieu moins souvent chez les
» habitants des villes que chez ceux des campagnes, et
» d'autres ont remarqué qu'ils étaient plus fréquents
» parmi les gens aisés que dans la classe indigente [4]. »

[1] Chomel ; Éléments de path. gén., pag. 383.
[2] J. Freind ; De febribus, commentarii novem, etc., pag. 4.
[3] Aymen ; Dissertation dans laquelle on examine si les jours critiques sont les mêmes en nos climats qu'ils étaient dans ceux où
Hippocrate les a observés, pag. 46.
[4] Chomel ; loc. cit., pag. 382.

«Les divers moments de la journée sont plus ou moins favorables à leur apparition; c'est surtout la soirée ou la nuit qu'ils choisissent de préférence. L'époque de la maladie a également une action sur le choix de leur siége. « Dans une maladie qui a beaucoup d'activité » et qui marche rapidement, dit Grimaud, l'effort cri- » tique éclate très communément vers les parties su- » périeures, et l'évacuation qui la termine se fait alors » vers quelque organe situé supérieurement; au lieu » qu'une maladie essentiellement la même, mais qui » traîne en longueur, trouve sa crise dans des évacua- » tions qui se font par des organes inférieurs, ou plutôt » par des organes situés au-dessous du diaphragme, » selon l'importante division établie par Hippocrate [1]. »

Grimaud a beaucoup insisté sur ce principe, dont il tire des règles importantes pour la pratique.

CHAPITRE V.

DES ÉPOQUES RÉSERVÉES AUX CRISES, OU DES JOURS CRITIQUES.

C'est ici le lieu de placer cette grande question des jours critiques, qui a divisé les partisans des crises eux-mêmes, et qu'il était pourtant si facile de résoudre par l'expérience.

[1] Grimaud; *loc. cit.*, tom. I, pag. 27.

Nous avons exposé plus haut les théories d'Hippocrate et de Galien relatives au calcul de ces jours; il
est inutile de les reproduire ici, mais nous devons apprécier la nature des objections qui leur ont été faites.

Une de celles qui eurent le plus de poids, qui ont
été le plus répétées, et qui certainement méritaient le
moins de l'être, est tirée du rapport qui existe entre ces
périodes par semaines, et le système attribué aux Py-
thagoriciens. Le reproche qu'on lui a fait d'une semblable origine, fondé d'ailleurs sur une lettre apocry-
phe, peut-il servir, en effet, à combattre les jours
critiques; et qu'importe ce qui a pu suggérer à Hippocrate l'idée de son système, si réellement cette idée
est exacte? Celse est le premier auteur de ce pauvre
argument, et depuis il a été rapporté par tous ceux qui
ont été opposés aux crises et même par ceux qui les
ont adoptées. Ainsi, Piquer ignore « si Hippocrate
» établit ces choses touchant les crises pour suivre
» Pythagore, ou si l'expérience le lui apprit [1]; » Cullen [2],
après avoir admis absolument les mêmes jours qu'Hippocrate, en attribue les erreurs à l'influence de Pythagore. Bordeu [3] l'imite et s'appuie de Du Laurens et
de Renaudot; enfin, M. Littré [4] va plus loin encore, en

[1] Piquer; Traité des fièvres, pag. 223.

[2] Cullen; Éléments de médecine pratique, tom. I, pag. 111.

[3] Bordeu; Recher. sur les crises; Œuvres complètes, tom. I,
pag. 216.

[4] Hippocrate; trad. Littré, tom. I, pag. 562.

rapportant la doctrine des jours critiques à Alemœon, philosophe pythagoricien.

Bien que son origine pythagoricienne ne soit pas, comme nous l'avons dit, une objection réelle à cette théorie, nous croyons devoir, autant pour défendre la logique d'Hippocrate, qu'en considération des auteurs qui lui ont fait cette injure, nous arrêter un instant sur cette supposition.

Il est d'abord très-probable que les idées de Pythagore sur les nombres ont été altérées par l'imagination d'un peuple amateur du merveilleux, et que l'influence mystérieuse de leur combinaison remonte à ce sage de la Grèce, comme le sensualisme à Épicure et le panthéisme à Spinosa. C'est aussi l'opinion de Grimaud qui dit, en parlant de l'importance attachée aux nombres chez les anciens : « Au reste, ces absur- » dités ne peuvent point être attribuées à Pythagore, » mais à quelques disciples qui l'entendaient mal et » qui le défiguraient [1]. » Pythagore, comme le fait remarquer Cabanis [2] en lui attribuant aussi la doctrine des crises, jugé par le peu qui nous vient de lui et par les moyens qu'il nous reste de l'apprécier, dut être à la fois un grand mathématicien et un grand philosophe ; et s'il inventa la doctrine des crises, ce ne fut pas en soumettant les maladies à la puissance des

[1] Grimaud ; *loc. cit.*, tom. l, pag. 198.
[2] Cabanis ; *loc. cit.*, tom. I, pag. 15.

nombres, mais en appliquant le calcul aux résultats de l'observation.

Quoi qu'il en soit de cette question de priorité, il n'en reste pas moins probable que si Hippocrate a dû l'idée de sa doctrine à l'école pythagoricienne, ce serait uniquement dans cette dernière acception qu'on pourrait l'entendre ; mais l'étude de ses travaux repousse d'une manière plus complète la supposition que l'expérience ne fut pas la base de son système.

Aymen, dans l'ouvrage que nous avons cité, a calculé les jours critiques sur les observations d'Hippocrate lui-même, et il en résulte que sa doctrine est exactement le résultat d'un semblable calcul. Au rapport de Cullen [1], de Haen, sur cent soixante-trois maladies aiguës des écrits d'Hippocrate, en a trouvé cent sept d'accord avec les jours critiques. Peut-on supposer maintenant qu'un semblable observateur ait fait plier tant de faits à un plan préconçu, à la satisfaction d'un préjugé? Ce serait là, certes, une imputation bien dénuée de fondement, et que les exceptions qui se trouvent dans ces mêmes observations rendent encore plus précaire.

Pour ce qui est de l'importance exclusive attachée à sa doctrine, c'est encore, même de l'aveu de M. Chomel [2], une imputation peu fondée ; les observations

---

[1] Cullen ; *loc. cit.*, tom. I , pag. 107.
[2] Chomel ; *loc. cit.*, pag. 389.

10

de crises irrégulières sont déjà des preuves du contraire, et d'ailleurs le Père de la médecine[1] rappelle
souvent, dans ses écrits, de ne pas attacher à ces faits
une valeur absolue.

La difficulté de bien reconnaître le moment du début dans une maladie, est encore une de ces raisons
spécieuses et sans valeur ; car il est beaucoup de cas
où on peut l'établir, et le jour d'invasion, dans la pensée
d'Hippocrate, comptant pour un jour entier, à quelque
instant de la journée qu'eût débuté la maladie, une
limite assez large est laissée pour les incertitudes du
début. Les irrégularités qui se trouvent dans la doctrine des jours critiques, et qui toutes portent sur le
terme de vingt ou de vingt et un jours assigné à la ré-
volution des trois premières périodes critiques, s'expliquent facilement en pensant aux divers auteurs de
la collection hippocratique et proviennent d'Archigène
et de Dioclès. L'opinion d'un jour médical de vingt-
trois heures, proposé par Chesneau, n'entrait pas
dans l'esprit d'Hippocrate et ne pourrait s'accorder
avec ses divisions.

Nous avons à dessein séparé, dans notre historique,
les idées d'Hippocrate et de Galien ; tout ce qui est
saine observation et règles générales sages, restreintes
aux lois de toute généralité en médecine, vient en effet

---

[1] Voy. Hippocrate ; Aph., sect. II, 19 ; édit. Littré, tom. IV,
pag. 475 — et Pronostic 25 ; éd. Littré, tom. II, pag. 191.

du premier; au second l'on doit les conclusions absolues, les explications hypothétiques et supersti-
tieuses, les exagérations en désaccord avec les faits
réels. La théorie des jours intercalaires et vides est
une création de Galien ; le précepte d'administrer les
remèdes dans ce dernier jour seulement est de lui ; la
théorie du mois médicinal calculé sur le mois lunaire
est encore du même. Ainsi donc, Galien n'a fait sous ce
rapport que la parodie, pour ainsi dire, de la doctrine
hippocratique, et l'a plus desservie qu'il ne lui a été
utile. Mais si l'on fait la part de ce qui revient au
Père de la médecine, si l'on considère ses lois comme
générales et non absolues, si l'on remarque qu'une
médecine moins riche en ressources devait laisser plus
de place aux évolutions de la nature, que la différence
de climats, de temps et de mœurs plaçait les hommes
d'alors dans des conditions plus favorables à la manifestation régulière des crises, on pourra maintenir que
le Père de la médecine n'a rien dit en cela que de juste
et de vrai.

Après avoir apprécié cette doctrine au point de vue
de l'histoire, il est temps de l'examiner à un point de
vue plus indépendant.

Or, pour ceux qui admettent les crises, car avec
ceux-là seuls une telle discussion est possible, la
question ne se réduit-elle pas à savoir si l'expérience
confirme la prétention de les astreindre à se manifester certains jours de préférence à d'autres? Quand

je fais à l'expérience une aussi large part dans une pareille décision, ce n'est pas que je la considère absolument comme un tribunal sans appel ; le contrôle de l'observation, il faut en convenir, revient de droit à la raison, et il semble que cette dernière nous ait été donnée pour nous empêcher d'admettre avec trop d'empressement les conséquences trop souvent erronées qui découleraient de faits mal observés ; il faut donc, pour qu'une doctrine expérimentale remplisse toutes les conditions qui la recommandent à notre confiance, qu'émanée de faits réellement et bien observés, elle ne heurte pas dans notre esprit des opinions générales préalablement acquises par une autre observation ou une autre méthode. Or, nous disons d'avance que la doctrine des jours critiques, maintenue dans de justes bornes, remplit exactement ces deux conditions, satisfait à ces deux épreuves, qu'elle émane des faits et qu'elle ne heurte en aucune manière les lois auxquelles nous avons l'habitude de voir la nature s'astreindre.

Tous les philosophes, les physiologistes, les médecins théoriciens et praticiens ont, en effet, constaté la grande loi de la périodicité dans les actes qui sont sous la dépendance de la force vitale. On la trouve en pleine vigueur chez les végétaux, dont la croissance est soumise à des règles, non pas immuables et absolues, mais pourtant habituellement observées. L'apparition des feuilles, des fleurs, des fruits se succède avec ordre ; chacun de ces phénomènes a son époque

et sa durée. Dans le développement de l'être humain,
elle est encore bien plus remarquable. Ce sont, en
effet, des détails intimes de structure et de développement qui se produisent en leur temps et lieu, d'après
une règle toujours identique; ce sont des fonctions
qui surgissent à des époques fixées d'avance ; c'est la
mort qui paraît à la fin de la course, comme le dernier
épisode d'un voyage accompli. On a voulu rendre compte
de cette périodicité par des raisons physiques, tirées
des influences que des causes étrangères exercent sur
les divers actes de la force vitale ; mais ce travail a
échoué, comme on pouvait le prévoir. On s'est de-
mandé, par exemple, pourquoi l'accouchement s'effec-
tuait à neuf mois, et l'on a mis en avant le développement du fœtus, le besoin qu'il éprouve de respirer,
la distension inégale des diverses fibres utérines, etc.;
mais l'on n'a fait ainsi que reculer la difficulté, car
on se demande encore pourquoi les fibres du col
ne sont tiraillées qu'à neuf mois, pourquoi le fœtus
ne provoque les contractions de la matrice qu'à neuf
mois, pourquoi il ne demande à vivre qu'à neuf mois ;
et il faut toujours en revenir à une loi plus générale
qui impose une semblable période à ces phénomènes,
à la périodicité qui régit toutes les actions vitales.

La loi de périodicité se retrouve encore dans l'intermittence de la plupart de nos actes physiologiques.

« Tous les besoins renaissent, toutes les fonctions
» s'exécutent à des époques fixes et isochrones. La du-

» rée des fonctions est la même pour chacune de leurs
» périodes ; les mêmes appétits ou les mêmes besoins
» ont des heures marquées pour chacun de leurs re-
» tours ; et le plus souvent, lorsque les besoins ne sont
» pas satisfaits alors, ils diminuent et s'évanouissent
» au bout d'un certain temps, pour ne revenir avec
» plus de force et d'importunité qu'à l'époque suivante,
» qui doit en ramener les impressions [1]. »

Mais ce qui est bien propre à nous faire apprécier
cette loi de périodicité à laquelle la vie est soumise,
c'est le pouvoir qu'a l'habitude de lui créer de nouvelles obligations ou de modifier celles qu'elle a déjà.
Notre influence sur le retour de la faim, du sommeil,
sur la cessation à heure fixe de ce dernier, sont des
faits d'observation journalière, et il n'est pas moins
admis non plus que le renouvellement fréquent de
certains actes vitaux crée un besoin impérieux de
les reproduire à des intervalles fixes. Il semble que
la loi de la vie soit moins d'être astreinte à des règles
précises qu'à l'obligation seule d'en avoir ; cette loi
ne serait pas une périodicité définie, ce serait la périodicité d'une manière générale et abstraction faite
de son application ; ce serait, qu'on nous passe le
mot, l'esprit de périodicité.

Cette règle, à laquelle la force vitale est astreinte à
l'état hygide, trouverons-nous surprenant qu'elle l'ob-

---

[1] Cabanis ; *loc. cit.*, tom. II, pag. 377.

— 143 —

serve encore quand elle est morbidement affectée ? Or, son influence sur le cours des maladies ressort à chaque pas lorsque nous en entreprenons l'étude ; et non-seulement cette loi leur est commune avec les mouvements physiologiques, mais elle paraît, dans l'un et l'autre cas, agir d'après le même modèle ; la loi qui préside à l'exécution de tous les actes normaux semble être, en effet, composée de deux périodes, une d'accroissement, une de déclin ; la vie, dans son ensemble, est la première un exemple de cette division, comme l'a si brillamment développé M. le professeur Lordat[1], et toutes les fonctions la présentent à leur tour ; de même, comme nous l'avons déjà signalé, nous la retrouvons parfaitement caractérisée dans toute la série des affections morbides. Mais il est des maladies où la loi de périodicité ressort encore d'une façon plus évidente ; les fièvres éruptives en sont un remarquable exemple : les fièvres intermittentes doivent leur nom à la régularité frappante qui en caractérise les accès, régularité qui ne se dément pas d'une heure ; l'intermittence est d'ailleurs un élément qui s'ajoute à une infinité de maladies, qu'elles soient ou non sous la dépendance d'une affection paludéenne ; et n'est-il pas vrai, selon l'observation de Grimaud [2], qu'il y a peu de fièvres

[1] Lordat ; De l'insénescence du sens intime.
[2] Grimaud ; *loc. cit.*, tom. II, pag. 65. — Cullen (*loc. cit.*, tom. I, pag. 34) exprime la même opinion, et Baumes (Tr. des fièvres rémittentes, tom. I, pag. 11) cite plusieurs auteurs qui l'ont poussée

qui puissent absolument porter le nom de continues ?
Ainsi, la périodicité est un élément indispensable du
type des maladies.

Eh bien! s'il ne nous répugne pas d'admettre que
les maladies suivent dans leur manifestation un type
constant et réglé d'avance, n'est-il pas naturel, n'est-
il pas même admissible *à priori* que les crises, qui
sont un des phénomènes de leur manifestation, soient
aussi soumises à une apparition régulière et dont on
pourra prévoir l'époque approximative?

Voilà pour les exigences du raisonnement; écou-
tons maintenant le langage des faits. L'expérience
confirme-t-elle la doctrine des jours critiques? Beaucoup de médecins, tant anciens que modernes, ont
fourni des observations en sa faveur. Nous aurions à
citer ici la plupart des auteurs dont nous avons emprunté l'appui au sujet des crises; mais parmi eux
nous choisirons ceux qui ont le plus spécialement
étudié la question au point de vue des jours critiques.
Sur quarante-huit observations de fièvres graves rap-
portées par Forestus [1], trente ont eu leur crise aux jours
critiques, huit aux jours indicateurs, dix au jours vides
ou intercalaires. Aymen [2], dans le travail que nous

au-delà des bornes convenables, en rayant complètement les
fièvres continues, ou en les confondant avec les rémittentes, tels
sont : Millar, Lieutaud, Eller, Waldschmidt et Grant.

[1] Voy. *P. Foresti observ. et curat. medic. et chir., opera omnia*
etc., tom. I.

[2] Aymen; *loc. cit.*, pag. 28.

avons cité, a recueilli un nombre très-considérable
de maladies, et il a constaté que les crises pouvaient
se faire tous les jours, mais qu'elles avaient lieu spécialement aux jours indiqués comme critiques. Cullen[1],
après avoir établi les jours critiques sur les observations d'Hippocrate, ajoute que ses observations particulières leur sont favorables, et Landré-Beauvais termine
sa dissertation sur les jours critiques en disant : « Je
» peux assurer que depuis près de vingt années que
» je me livre à l'exercice de la médecine, j'ai constam-
» ment observé les crises aux époques indiquées par
» Hippocrate, lorsqu'une médecine perturbatrice ne
» dérangeait pas la marche naturelle des maladies.
» Les élèves qui ont suivi mes cours de médecine clini-
» que à l'hospice de la Salpétrière, ont souvent vu les
» crises s'opérer les jours critiques, même chez les
» vieillards[2]. » Avec ces noms nous pourrions encore
faire valoir les témoignages de Rivière, Solano de Lucques, de Haen, Baglivi, Grimaud, Fouquet, etc.

Nous acceptons avec confiance l'opinion de ces hommes si dignes de foi ; nous nous en rapportons à leur
expérience. Nous croyons que la théorie hippocratique
des jours critiques, dépouillée du caractère d'absolutisme qu'on lui avait injustement prêté, et mise en
rapport avec les influences de pays, de climats et

---

[1] Cullen ; *loc. cit.*, tom. I, pag. 116.
[2] Landré-Beauvais ; *loc. cit.*, pag. 625.

d'époques, est encore l'expression de faits vrais, quoique soumis, comme tous les actes de la force vitale, à la contingence qui les caractérise et à l'influence perturbatrice des causes extérieures. Nous le croyons d'autant plus que cette théorie, comme nous l'avons fait voir, bien loin d'établir des lois étranges et en désaccord avec des principes reçus, concorde parfaitement au contraire avec tout ce que l'analogie et l'induction pouvaient faire préjuger.

CHAPITRE VI.

DE LA CRISE CONSIDÉRÉE EN ELLE-MÊME.

Une crise peut donc être envisagée, d'après tout ce qui précède, comme une petite maladie surajoutée à la première, et présentant ses prodromes aussi bien que ses symptômes constitutifs. Les symptômes des crises seront étudiés individuellement dans le chapitre prochain, à propos de chacune d'entre elles, puisque c'est eux qui en font la différence. Les prodromes, qui les font prévoir, y seront également signalés ; mais, de même qu'il y a toujours beaucoup plus d'uniformité dans les actes qui annoncent l'invasion prochaine des maladies que dans ceux qui les caractérisent une fois développées, de même, dans le sujet qui nous occupe, il est difficile de rien dire de général sur ces phénomènes critiques eux-mêmes, tandis que nous

aurons à placer ici quelques réflexions sur les événements qui les annoncent.

Observons tout d'abord qu'il s'agit ici des crises
bien senties, bien accusées. Entre la crise insensible,
qui n'est autre chose que le retour graduel des actes
vitaux à leur état normal, et ce retour s'accomplissant
d'une manière brusque et tranchée, pour constituer la
crise réelle, tous les intermédiaires sont possibles;
et, à proprement parler, il n'y a pas de différence
essentielle entre ces deux genres de crises; l'insensible pouvant être considérée comme une série de
petites crises partielles, qui arrivent par leur nombre
au résultat que leur puissance individuelle ne pouvait
atteindre. Or, pour voir des types bien représentés,
bien évidents, il faut prendre le premier degré de l'é-
chelle, il faut s'attacher à la crise par excellence.

La prédiction des crises, qui était la grande préoccu-
-pation des anciens, est, il faut le reconnaître, un point
de pronostic important à plus d'un titre; outre la confiance qu'appelle sur le médecin un semblable mérite,
confiance qui n'est pas la condition la moins importante
pour la cure des maladies, cette prévoyance lui est
directement nécessaire dans leur traitement, pour pouvoir favoriser ou au moins respecter les besoins de la
nature.

Le premier moyen d'arriver à cette connaissance est
d'observer la marche de la maladie tout entière. Chaque maladie ayant un type qu'elle copie le plus sou-

vent, si ses débuts sont conformes à ses habitudes,
on aura droit d'espérer que la crise qui lui est propre
arrivera, elle aussi, à l'heure qui lui est réservée. Cette
règle si simple et si logique était le principal fondement du pronostic des anciens. Quand ils voyaient les
symptômes de coction, c'est-à-dire de détente, de restauration, survenir aux époques normales, ils prédi-
saient, et avec raison, que la crise se ferait en son
temps et serait régulière. De là les jours indicateurs.

Des symptômes plus spéciaux annoncent encore
qu'un mouvement critique se prépare. La nuit qui le
précède est toujours difficile à supporter, selon Hippocrate [1]. Il y a le plus souvent, en effet, comme nous
avons eu déjà l'occasion de le dire, redoublement dans
tous les symptômes de l'affection qui va se juger ; la
fièvre augmente et peut devenir très-intense, le pouls
prend un caractère particulier que nous décrirons plus
tard, la poitrine est oppressée, il survient de l'agitation ainsi qu'une grande chaleur, de la céphalalgie,
quelquefois du délire, et bientôt s'ajoutent à ceux-là des
symptômes locaux, tels que pesanteur, prurit, douleur dans la région qui doit offrir la scène de la crise.
Tous ces symptômes généraux ou locaux présentent
d'ailleurs des modifications de nature ou de siége adap-
tées au genre de crise qui doit avoir lieu.

Bien que l'obligation, où nous allons nous trouver,

---

[1] Hippocrate ; Aphor., sect. II, 13 ; éd. Littré, tom. IV, pag. 473.

de reprendre cette question à propos des crises individuelles, nous oblige à être réservé ici sous le rapport des détails, nous ne pouvons nous empêcher de
faire une exception à l'égard de l'un des symptômes
généraux que nous venons de signaler ; je veux parler
de celui du pouls. La doctrine du pouls critique est
trop célèbre, en effet, tant par les noms qui s'y rattachent que par l'intérêt qu'elle a présenté et qu'elle
conserve encore, pour ne pas nous arrêter un instant.

On sait l'importance que Galien, dans la prédiction
des crises, attachait à ce symptôme, qu'il a décrit dans
un traité particulier [1] ; Bordeu [2] lui reproche d'avoir
beaucoup plus raisonné qu'observé, c'était en effet le
défaut de Galien ; mais Bordeu lui-même en est-il
complètement exempt? Solano de Lucques a écrit
sur cette même question, après avoir passé sa vie tout
entière à en rechercher les lois, un ouvrage assez ob-
scur intitulé : *Lapis Lydius Apollinis*. Nihell, médecin irlandais, s'éclairant des idées de Solano, qu'il
alla consulter en Espagne, refondit ce travail et en
donna une édition anglaise, traduite en latin par
G. Nowtwyk [3], et en français par Lavirotte. Mais,
malgré ces essais, la doctrine du pouls critique n'en

[1] *Galeni de præcognitione ex pulsibus*, libri quatuor; loc. cit.;
tom. IV, col. 397.

[2] Bordeu; Recherches sur le pouls; Œuvres complètes, tom. I,
pag. 256.

[3] Nihell ; *Novæ observationes circa crisium prædictionem ex pulsu.*

relève pas moins en entier de Bordeu [1]. Voici, à cet égard, le résumé de son opinion.

Parmi les fonctions susceptibles de sympathies ou de synergies, la circulation est sans contredit une des plus sensibles et qui s'éveille avec le plus de constance et de régularité; le pouls, qui, la part faite aux modifications individuelles, bat suivant un type déterminé, s'écarte de ce type au premier trouble qui survient dans un organe, écho fidèle de l'impression la plus légère et la plus éloignée; et les changements qu'il présente sont en rapport, et avec le caractère de la maladie, et avec la région qu'elle occupe. Après avoir minutieusement décrit ce qu'il appelle le pouls naturel ou parfait, Bordeu établit en premier lieu la distinction fondamentale du pouls d'irritation et du pouls critique : le premier répondant à la période initiale des maladies, à l'acuité des symptômes, et le second annonçant d'une manière générale que la coction se fait et que la crise se prépare.

Les caractères du pouls d'irritation sont les suivants : « Il est serré, fréquent, vif, dur, sec, pressé ; il acquiert des modifications semblables à celles du pouls des enfants, quelquefois sans perdre son égalité. Un médecin prudent devient très-circonspect lorsqu'il le trouve, sachant bien, par son expérience, que ce pouls exclut toute crise favorable [2]. »

[1] Bordeu ; *loc. cit.*
[2] Bordeu ; *loc. cit.*, tom. I, pag. 266.

Le pouls critique est au contraire celui qui « se di-
» late, devient plus saillant, plein, fort, fréquent et
» souvent inégal ; il est toujours d'assez bon augure ,
» pourvu qu'il se soutienne pendant un certain temps[1].»

Mais, à chacun de ces types généraux se joignent
des caractères particuliers qui indiquent, dans le
pouls d'irritation, la nature de la souffrance et l'organe souffrant; dans le pouls critique, la nature de la
crise et l'organe qui en sera le siége.

La première étude n'entre pas dans le plan de
Bordeu, comme il le dit lui-même, et il ne parle du
pouls d'irritation, en général, « qu'autant qu'il le faut
» pour le bien distinguer de toutes les espèces de pouls
» critiques[2]. » Pour établir ces différentes espèces de
pouls critiques, il commence par admettre la division
du corps en supérieur et inférieur, et distingue le
pouls, suivant qu'il désigne le siége de la crise pour
l'une ou l'autre de ces parties ; le pouls supérieur présente encore des caractères particuliers suivant qu'il
est guttural, nasal, pectoral, etc.; et l'inférieur, suivant qu'il est hémorrhoïdal, intestinal, qu'il annonce
les règles, etc. Nous donnerons, en leur temps et lieu,
les caractères de plusieurs de ces pouls.

Fouquet[3] a repris cette doctrine après Bordeu, dont

---

[1] Bordeu; *loc. cit.*, tom. I, pag. 266.
[2] Bordeu; *loc. cit.*, tom. I. pag. 327.
[3] Fouquet; Essai sur le pouls.— *An detur in œgritudinibus sedis affectæ certa ex pulsu diagnosis*. Thèse.

il fut l'élève et l'ami ; mais il l'applique surtout aux
pouls non critiques ou des organes.

M. Chomel prétend que «la doctrine des pouls cri-
» tiques a été aussi promptement abandonnée que fa-
» cilement accueillie par les médecins [1]. » Il est vrai
qu'elle souleva, le premier moment, beaucoup d'enthousiasme chez les jeunes médecins, qui s'exercèrent avec
ardeur à l'examen du pouls, et que cet enthousiasme
ne fut pas de longue durée ; mais on ne peut pas dire
non plus que les règles qu'a tracées Bordeu, ou sur
l'idée desquelles il appela l'attention, soient complètement tombées dans l'oubli, car l'on voit beaucoup
de praticiens pour qui l'observation du pouls sert à
autre chose qu'au diagnostic de la fièvre.

On en voit beaucoup aussi qui, se prévalant de l'expérience qu'ils ont acquise dans l'exploration du mouvement artériel, négligent les ressources que leur
présentent beaucoup d'autres symptômes dans l'observation des malades, fondant sur cette base fragile
un diagnostic pour le moins imprudent.

Pour nous, la vérité se trouve entre ces deux excès ;
l'examen du pouls nous paraît avoir des résultats
utiles, et les difficultés que présente son étude ne doivent pas être mises en ligne de compte, quand on se
prépare à parcourir une carrière qui en offrira bien
d'autres semblables. Mais il ne faut ni exagérer son

[1] Chomel ; *loc. cit.*, pag. 380.

véritable langage, ni se reposer sur lui sans réserve
et surtout sans contrôle, quand on sait combien ses
distinctions sont souvent spécieuses, souvent difficiles
à saisir, et souvent mensongères.

CHAPITRE VII.

DES CRISES CONSIDÉRÉES INDIVIDUELLEMENT.

Après avoir parlé des crises d'une manière générale,
il nous reste à passer en revue les principales d'entre
elles et à les étudier isolément, sous le rapport de
leur importance, de leurs prodromes, et des maladies
où on les rencontre. Pour mettre de l'ordre dans cette
étude, tous les auteurs qui se sont occupés de ce sujet
ont dû adopter une classification. Andral[1] en donne
une beaucoup trop ecclectique pour que nous puissions
l'adopter. Celle de Landré-Beauvais[2] est généralement
suivie par les auteurs de Traités sur les crises. Cette
classification laisse encore pourtant quelque chose à
désirer; les phénomènes critiques y sont rapprochés
d'après les organes qui leur servent de siége; or, ces
rapports de lieu ne nous paraissent pas une garantie
pour qu'il existe entre les phénomènes critiques ainsi
rapprochés, de véritables rapports de nature. C'est

[1] Andral; *loc. cit.*, pag. 45 et suiv.
[2] Landré-Beauvais; *loc. cit.*, pag. 601.

moins, en effet, le lieu de sa localisation, que l'appareil symptomatique affecté par une crise , qui peut indiquer la véritable nature de ces mouvements vitaux et servir à en rapprocher les espèces. Est-ce que deux genres de crises siégeant sur le même organe jugeront les mêmes maladies, seront annoncés par les mêmes symptômes, auront des effets et des résultats égaux et pourront se suppléer au besoin ? Non, certainement, pour la plupart des cas. Dans le tableau de Landré-Beauvais, par exemple, les déjections, les sueurs et les urines sont dans trois classes séparées : les premières se faisant sur une muqueuse, les deuxièmes sur la peau , les dernières sur des glandes ; or, qu'y a-t-il de plus intime que le rapport qui lie ces trois genres de crises, qui paraissent à peu près dans le même genre d'affections, se suppléent avec facilité et concourent souvent ensemble au même but ? Comme nous le verrons plus tard, une identité de nature et de suppléance critique existerait, d'après certains auteurs, entre les aphthes et les taches miliaires; dans le tableau de Landré-Beauvais cependant, les éruptions aphtheuses, si elles étaient notées, devraient être placées dans le chapitre destiné aux muqueuses et séparées du millet, placé dans celui du système dermoïde. Les hémorrhagies, qui forment un ensemble si distinct, si caractérisé, sont rapprochées du vomissement, des crachats, des selles, voies de solution si différentes. Réduites d'ailleurs à celles qui se font par les muqueuses, quand la peau, les séreuses, les glandes peuvent aussi en être le théâtre, il faudrait, pour y comprendre ces dernières, les distribuer d'après cette origine, quand, selon M. Lordat[1], le siége ne fait rien à la nature des hémorrhagies.

Sans doute, les crises présentent des caractères trop individuels pour qu'on puisse les soumettre à des généralités bien absolues, de quelque façon qu'on en compose les groupes; il nous semble cependant qu'on doit se rapprocher davantage de ce résultat, en classant ces phènomènes d'après leur nature symptomatique plutôt que d'après leur siége, et c'est dans cette idée que nous préférons suivre le tableau suivant, où nous les avons rangées d'après ce système[2].

---

[1] Lordat; Traité des hémorrhagies, pag. 63.

[2] Notre travail, dont quelques circonstances particulières ont retardé la présentation, était terminé, lorsque nous avons reçu le deuxième numéro de la Revue thérapeutique, où M. Pécholier présente, à la suite d'une observation remarquable de crise, quelques réflexions personnelles sur la nature de ce phénomène. Comme on le verra bientôt, nous avions déjà fait notre profit du fait en lui-même, et renvoyé à son auteur, pour les dramatiques détails et la scène émouvante qu'il retrace. A la lecture de son nouvel article, nous avons été heureux de voir les opinions principales émises dans notre thèse, se rencontrer exactement avec celles d'un homme dont nous apprécions si fort le témoignage; cependant, quelques-unes de nos idées se trouvant en désaccord avec les siennes, principalement sur le sujet dont nous venons de parler ici, nous pensons que notre savant ami, aujourd'hui notre maître, ne trouvera pas que nous manquions à aucun des

I. — Crises avec matière.

§ 1. — Par hémorrhagies.

1° Du nez (épistaxis).

2° De l'oreille (ottorrhagie),

3° De la bouche (stomatorrhagie).

4° Des bronches (hémoptysie).

5° De l'estomac (hématémèse).

6° Des intestins (entérorrhagie).

7° Du rectum (hémorrhoïdes).

8° Des voies urinaires (pissement de sang).

9° De l'utérus (métrorrhagie).

10° De la peau (sueurs de sang).

§ 2. — Par sécrétions.

1° Mucus nasal.

2° Crachats.

3° Vomissements.

4° Déjections.

5° Sueurs.

6° Urines.

7° Salivation.

8° Flueurs blanches.

9° Pollutions.

10° Sérosité.

11° Flux de larmes.

§ 3. — Par éruptions.

1° Millet.

2° Pemphigus.

3° Herpès.

4° Dartres.

5° Teignes.

6° Aphthes.

§ 4. — Par fluxion, inflammation et suppuration.

1° Parotides.

2° Adénites ou bubons.

3° Abcès , dépôts purulents.

4° Furoncles.

5° Orchites.

§ 5. — Par mortification.

1° Anthrax ou charbon.

2° Gangrène.

3° Sphacèle.

II. — Crises sans matière.

1° Fièvre.

2° Convulsions.

3° Sommeil.

4° Surdité.

5° Anosmie.

6° Cécité.

ARTICLE I. — Crises avec matière.

—

§ 1. — Crises par hémorrhagies.

Les hémorrhagies sont une des formes les plus familières aux crises. Elles jugent principalement les

sentiments que ce double titre nous impose , en lui présentant les réflexions suivantes :

Nous pensons, avec M. Pécholier, que la meilleure classification des crises doit reposer, non pas sur le symptôme critique lui-même, mais sur le caractère , sur la nature de l'effort qui le produit, et c'est aussi d'après cette opinion que nous avons composé la nôtre. Les divers phénomènes qui constituent les crises et que nous avons reconnus être tour à tour des hémorrhagies, des fluxions , des éruptions , etc., ne sont à nos yeux que des moyens de constater la nature spéciale du mouvement vital ; et bien que nous reconnaissions que le symptôme n'est pas rigoureusement en rapport avec la nature de l'état affectif qui l'entretient, toujours faut-il bien convenir que c'est un des principaux éléments de sa découverte. Pour M. Pécholier, les divers mouvements qui constituent les crises sont des mouvements fluxionnaires, nous le pensons aussi; mais ce qui constitue la différence de nature entre ces divers mouvements , c'est la direction qu'ils affectent , et non pas leur caractère particulier — d'où la classification suivante proposée à la place de celles qui reposent sur le genre du symptôme critique :« 1° crise par délitescence ; 2° crise par évacuation directe de la fluxion ; 3° crise par métastase ; 4° crise par contre-fluxion (révulsion ou dérivation); » — or, c'est ici que commence la divergence entre nous. Il nous paraît en effet bien plus essentiel, pour différencier ces actes fluxionnaires de la nature , d'avoir égard au caractère qui est comme la cause de leurs résultats distincts, qu'à l'impulsion

maladies aiguës, fluxionnaires ou inflammatoires, et se
présentent surtout le printemps ou l'hiver, chez les

qui les dirige dans un sens plutôt que dans un autre. Ainsi, par
exemple, le mouvement fluxionnaire peut être simplement fluxionnaire ; il peut être hémorrhagique, et constituer une nature d'effort
fluxionnaire toute spéciale, selon l'avis de M. Lordat (Traité des
hémorrhagies, pag. 133); il peut avoir pour caractère d'augmenter
les sécrétions, de provoquer des éruptions, etc. Toutes ces intentions diverses constituent des espèces spéciales de mouvements
fluxionnaires, dont la différence de nature est, à notre sens,
bien plus propre à expliquer la différence de nature des mouvements critiques, que de la disposition de ces mêmes mouvements
fluxionnaires à s'écarter ou à se rapprocher du lieu de la localisation primitive de l'affection dont ils dépendent. Il sera donc, à
notre avis, bien plus rationnel de fonder une classification des mouvements fluxionnaires critiques, d'après la tendance de ces mouvements à produire une hémorrhagie ou une sécrétion, que d'a-
près la tendance d'un mouvement fluxionnaire à produire une évacuation directe et sur place, ou une contre-fluxion.

Je prends pour exemple le cas qui a fourni l'occasion de ces
remarques. Une angine grave se juge par une hémorrhagie de la
luette; cette crise rentre, pour M. Pécholier, dans la classe de
celles par évacuation directe; l'honorable professeur en fait un
mouvement de nature particulière, par ce fait lui-même qu'il s'est
produit sur le lieu de la lésion. Or, je le demande, le mouvement
critique eût-il été de nature différente si quelque circonstance inappréciable eût dirigé l'effort hémorrhagique vers l'anus, je suppose?
Certainement non; l'affection fluxionnaire, qui avait jugé convenable de se localiser sur le pharynx, avait besoin, pour sa solution,
d'une évacuation sanguine; non pas à cause de l'évacuation en
elle-même, mais en raison du pouvoir, spécialement curatif à
son égard, de l'effort qui produit un pareil symptôme. Elle avait
besoin pour se juger, disons-nous, d'une hémorrhagie plutôt que
d'une fluxion simple, plutôt que d'une exagération de sécrétion, etc.;

individus sanguins, jeunes et robustes. Dans les conditions opposées, les hémorrhagies sont plutôt symptomatiques que critiques. Pour revêtir ces dernières qualités, elles doivent appartenir à l'un des trois premiers genres établis par M. Lordat [1], et se produire

voilà le choix qu'elle a dû faire, voilà la nature du mouvement vital dont la distinction lui importait, et non pas la localisation spéciale ou la direction déterminée de l'un quelconque de ces divers mouvements. Si l'hémorrhagie s'est faite au pharynx, au lieu de trouver sa route par les hémorrhoïdes, c'est peut-être la section artificielle de la luette qui en fut cause, qui sait! de même que ce fut aussi une cause occasionnelle et insignifiante, une cause étrangère à la nature de la maladie qui détermina la localisation de l'affection inflammatoire sur les amygdales, au lieu de la fixer sur les bronches, les poumons, etc. Est-ce que cette localisation différente de l'état affectif importe à sa nature? Non, sans doute. Eh bien! la localisation différente de l'un des symptômes de cette affection n'importe pas davantage à la nature du mouvement qui le produit.

Mais, à ce compte, si l'affection angineuse de Nonat s'était jugée par des aphthes, par exemple, elle se serait beaucoup plus rapprochée du moyen de solution qu'elle a réellement employé, que si elle eût produit, je suppose, une épistaxis. Or, je le demande à M. Pécholier, aurait-il été bien surpris de voir la seconde crise qui vint au secours de l'œuvre incomplète de la première, affecter pour siége les fosses nasales; et ne l'aurait-il pas été davantage si, à ce renouvellement de la crise, il eût vu paraître, au lieu d'une hémorrhagie, une éruption aphtheuse de la bouche?

Enfin, comme dernière objection, où se classeront les crises d'une affection générale? Une hémorrhagie critique termine une fièvre aiguë: agit-elle par contre-fluxion, ou par évacuation directe; ou bien cela s'appellera-t-il une crise par délitescence, par métastase?

[1] Lordat; *loc. cit.*, pag. 63 et suiv.

par fluxion générale, par expansion, ou au moins par fluxion locale. Il faut qu'il y ait, en effet, activité de la nature dans leur production; il faut qu'il y ait réellement effort hémorrhagique, pour que cet acte puisse répondre aux exigences de l'idée que nous nous sommes formée d'une crise. Les 4ᵉ, 5ᵉ et 6ᵉ genres sont, à première vue, dénués de semblables qualités ; les hémorrhagies vulnéraires, qui forment le 7ᵉ, étant composées de deux éléments qui les rattachent, l'un aux hémorrhagies par défaut de résistance locale, l'autre aux hémorrhagies fluxionnaires, ne peuvent acquérir de vertu critique qu'en considération de cette dernière qualité ; et enfin, les hémorrhagies sympathiques, qui constituent le dernier, ne peuvent être utiles, du moins en raison de ce caractère. « Si l'on adopte, dit » M. Lordat, la distinction que M. Barthez établit en- » tre la synergie et la sympathie, on ne peut pas dire, » à la rigueur, qu'une hémorrhagie sympathique soit » jamais utile, elle ne fait qu'affaiblir à pure perte.[1] »

Quand une hémorrhagie critique se prépare, elle est annoncée par des symptômes généraux communs, le plus souvent, à toutes les hémorrhagies de ce caractère, et par des phénomènes locaux variant avec leur siége.

La rupture de l'équilibre dans les mouvements vitaux, en les concentrant vers un organe particulier,

[1] Lordat; *loc. cit.*, pag. 225.

entraîne dans les autres un état de spasme qui se traduit par des frissons et des lassitudes dans les membres, par l'éréthisme, le refroidissement , la pâleur de la peau. L'organe par lequel doit se produire l'écoulement, rougit au contraire et se tuméfie ; le malade éprouve en cet endroit un sentiment de chaleur, de démangeaison, de douleur gravative, prenant des caractères divers suivant la sensibilité de la région, suivant les sympathies et les réactions que sa souffrance provoque. N'oublions pas de mentionner que le pouls présente des caractères importants ; le pouls hémorrhagique est dilaté, libre, plein et dicrote, et peut revêtir des nuances particulières dans chaque espèce de crise par hémorrhagie.

L'habitude des hémorrhagies critiques est de juger promptement les maladies, de les enlever le plus souvent en une fois ; il est rare, en effet, de voir plus de deux hémorrhagies successives conserver le caractère critique. A l'instant où nous écrivons ces lignes, nous venons cependant d'être consulté par un enfant de douze ans, qui depuis cinq jours remplit toutes les nuits un mouchoir du sang qu'il perd par le nez. Il n'est pas sujet aux épistaxis , il est fort, vigoureux, ne se plaint d'ailleurs d'aucun autre symptôme, et raconte que depuis la première hémorrhagie il est délivré d'un rhume et d'un violent mal de tête.

1° *Épistaxis.* — L'écoulement du sang par le nez

est, parmi les hémorrhagies critiques, la plus fréquente et la plus inoffensive. Elle est commune à l'enfance et à la jeunesse. Elle juge la plupart des céphal-
algies qui surviennent dans les régions méridionales,
lorsqu'au printemps l'ardeur du soleil nouveau produit
de légères congestions cérébrales. Les fièvres inflammatoires et les phlegmasies des organes supérieurs
la choisissent souvent de préférence; mais elle peut
juger la plupart des phlegmasies, et quelquefois le
rhumatisme articulaire aigu. C'est une de celles qui
deviennent le plus facilement habituelles, et qui, en
faveur d'une prédisposition particulière, se chargent
chez beaucoup d'individus de terminer les maladies les
plus diverses. Mais cette prédisposition trop prononcée
peut lui faire dépasser le but et la constituer en symptôme grave, après l'avoir établie comme phénomène
critique. L'hémorrhagie nasale peut, dans ces cas,
devenir mortelle si elle est excessive, comme elle
peut manquer son but si elle n'est pas assez abondante. « Si elle était trop faible et se bornait à un
» écoulement de quelques gouttes de sang par le nez,
» il n'y aurait pas de crise et ce serait même un signe
» alarmant [1]. »

Les signes de l'épistaxis critique sont, outre les
symptômes propres à toutes les hémorrhagies : un
caractère particulier du pouls, qui, d'après Bordeu [2],

[1] Landré-Beauvais; *loc. cit.*, pag. 603.
[2] Bordeu; *loc. cit.*, tom. I, pag. 276.

est redoublé, plein, dur, fort et vite ; respiration
plus fréquente, et tension des hypochondres, bornée
selon quelques-uns au côté par lequel l'hémorrhagie
doit se faire. A ces signes généraux se joignent le
gonflement des jugulaires, la rougeur, la turgescence
de la face, le larmoiement, l'injection des yeux et
principalement des conjonctives palpébrales, la vue
des objets colorés en rouge, le tintement des oreilles,
le battement des temporales, quelquefois de l'assoupissement ou même un peu de délire, une douleur
gravative aux tempes, au front et à la racine du nez,
le prurit et la démangeaison des narines. Ce dernier
symptôme se distingue, d'après M. Jaumes [1], de la démangeaison vermineuse en ce qu'il est bien plus vif,
et que le malade se gratte le nez comme s'il voulait
en arracher quelque chose.

Cette crise est si fréquente qu'il est inutile d'en
citer des exemples. Son influence curative est même
connue du vulgaire, qui l'appelle un bénéfice de nature ; il n'est personne qui n'en ait éprouvé par soi-
même les prompts et salutaires effets. Si l'on voulait
en voir des descriptions, on pourrait avoir recours à
Hippocrate lui-même ; il en signale les résultats remarquables dans la constitution qui régnait à Thasso [2].

---

[1] Jaumes ; *loc. cit.*, 1855.
[2] Hippocrate ; Épid., livre I, constit. 3 ; édit. Littré, tom. II,
pag. 643.

C'est sur la prédiction d'une crise par épiṣṭaxis que roule l'exemple assez répandu de la supériorité de Galien sur les méthodistes [1]. Forestus, Fabrice de Hilden, Bordeu, Pinel, Andral en citent de nombreuses observations.

2° *Otorrhagie.* — Ces hémorrhagies, quand elles sont critiques, sont des faits exceptionnels et si rares qu'on ne peut guère leur assigner des phénomènes précurseurs ; il en existe pourtant quelques exemples. M. Rodrigues [2] en cite une observation curieuse qui a été publiée, en 1819, par M. Fermand, dans les Annales cliniques de Montpellier. Il s'agit d'une fille âgée de trois ans, atteinte d'un commencement de leucophlegmatie avec dyspnée, pouls petit, langue jaunâtre, lassitude, inappétence, urines rares, assoupissement. On administre à plusieurs reprises le tartrate de potasse antimonié ; mais la maladie continue son cours malgré les vomissements, les sueurs et les selles. Le vingt-cinquième jour il se déclare une hémorrhagie

[1] « Ce fameux médecin est appelé auprès d'un jeune malade avec » deux disciples de Themison ; il s'approche du lit, et ayant exa- » miné avec attention les symptômes, il assure que ce jeune homme » va être délivré par une hémorrhagie. Les méthodistes tournent » en ridicule ce pronostic, ils conseillèrent une seignée ; mais ils » sortirent bientôt couverts de confusion, lorsqu'ils se furent aper- » çûs que le malade seignait abondamment du nez. » Aymen, *loc. cit.*, pag. XIIJ.

[2] Rodrigues ; Thèse de concours, pag. 42.

par l'oreille droite, qui dure pendant plus d'une heure
et demie, et l'enflure disparaît.

3° *Stomatorrhagie.* — Nous plaçons ici le résumé
d'une observation qui vient d'être publiée par notre
ami M. Pécholier [1], professeur agrégé de la Faculté,
renvoyant à la Revue thérapeutique ceux qui voudraient
connaître les détails de ce récit, détails dont le talent
du narrateur fait si bien ressortir l'émouvant intérêt.
Cette observation est relative à un cas d'angine très-
grave, avec fréquence, concentration du pouls et suf-
focation extrême ; deux fois le malade fut sur le point
de périr par asphyxie, deux fois une hémorrhagie
critique, d'une abondance effrayante, vint dissiper le
danger. La seconde fut complète, et une rapide convalescence ne tarda pas à lui succéder.

4° *Hémoptysie.* — Monneret ne considère pas cette
hémorrhagie comme pouvant être critique. Cette opinion nous paraît tenir à une appréciation vicieuse et
à une erreur de fait. D'abord, parce que l'hémoptysie
est souvent funeste, il ne s'ensuit pas qu'elle ne puisse
être critique : nous avons vu qu'une crise était rendue
dangereuse par sa nature et par le caractère de l'organe qui lui sert de théâtre ; or, l'hémoptysie a pour
siége le poumon, qui de tous est le plus délicat, le

[1] Revue thérap. du Midi, année 1858, n° 1.

plus sujet à se laisser impressionner, le plus prompt à soulever des réactions dangereuses. Si l'hémoptysie critique entraîne la mort par le trouble qu'elle apporte dans une des fonctions les plus importantes, si l'hémoptysie appelle une production tuberculeuse sur le point qu'elle affecte, sans doute elle mérite le nom de funeste, mais elle n'en a pas moins eu ses qualités critiques, car la crise n'est pas, nous l'avons vu, synonyme de guérison. Or, non-seulement les faits démontrent que le crachement de sang peut être critique, avec ces restrictions relatives à son pronostic ; mais il est des cas, rares il est vrai, où il se montre critique dans une acception plus favorable, c'est-à-dire en terminant les maladies heureusement. Ces cas, il faut pourtant en convenir, n'existent pas dans une proportion assez grande pour que, en songeant au danger qu'elle entraîne habituellement, on puisse bien vivement désirer cette crise, quand elle serait même la dernière ressource du malade.

Les cas d'hémoptysie qui terminent les maladies d'une manière heureuse sont plus fréquents chez les femmes que chez les hommes, en raison de la suppléance qui existe entre le poumon et l'utérus, suppléance que bien des observations rendent incontestable. Or, à titre de remplaçant du flux menstruel, l'hémoptysie peut plus facilement assumer sur elle des qualités critiques. C'est donc surtout chez les femmes et dans les maladies qui succèdent à la suppression des règles, qu'on peut en observer des exemples.

Landré-Beauvais [1] prétend qu'on rencontre ces hémoptysies dans la fièvre jaune, pestilentielle, adynamique, ataxique, la petite vérole confluente, la scarlatine, le scorbut. Nous n'avons pu trouver aucun exemple qui légitime cette opinion, et nous croyons que dans ces divers cas l'hémoptysie appartient au genre adynamique, caractère qui exclut ses qualités curatives. Suivant l'opinion de Sydenham [2], l'hémoptysie et l'urine sanglante sont toujours des signes mortels dans les petites véroles confluentes, et paraissent d'ailleurs au début.

L'hémoptysie critique s'annonce par de l'oppression, un peu de démangeaison au larynx, qui provoque une petite toux, anxiété, pesanteur et chaleur dans la poitrine, ainsi que douleur dans quelque point du thorax; il y a souvent un goût salé dans la bouche avant que le crachement de sang ne se manifeste.

5° *Hématémèse.* — Ce que nous avons dit de l'hémoptysie s'applique également à l'hématémèse; car ces deux accidents se présentent dans des cas analogues et se trouvent, l'un aussi bien que l'autre, aptes à suppléer chez les femmes le flux menstruel. Une raison qu'on peut donner de la rareté relative de ces deux

[1] Landré-Beauvais ; *loc. cit.*, pag. 603.
[2] Sydenham ; *loc. cit.*. tom. I, pag. 68.

genres de crises, c'est qu'elles trouvent plus spécialement leur emploi dans les cas de pléthore ; or,
d'après Prosper Martian [1], les hémorrhagies qui dépendent de cet état se font plutôt par les parties inférieures du corps que par les supérieures.

Les exemples d'hématémèses critiques ne manquent
pourtant pas dans la science ; M. Lordat en rapporte,
d'après Langius, le cas suivant: « Une abbesse d'Al-
» lemagne, âgée de 58 ans, se trouvait tous les ans
» atteinte d'une douleur aux hypochondres, sans fièvre,
» et sans aucun autre dérangement de la santé géné-
» rale ; cette douleur ne se dissipait qu'au moyen d'un
» vomissement de sang [2]. »

Le melæna peut lui-même servir aussi de crise.
« Le melæna, dit Pinel [3], a quelquefois les carac-
» tères les plus prononcés d'une hémorrhagie active ou
» même critique, comme dans un exemple rapporté
» par le professeur Portal, d'une jeune personne âgée
» de 14 ans, qui, vers le seizième jour d'une fièvre
» gastrique, éprouva un vomissement de matières
» noires et fuligineuses. »

L'anxiété épigastrique, les rapports, et tous les produits du vomissement, sont aussi les signes avant-
coureurs de l'hématémèse.

[1] Prosper Martian; Épid. liv. V, sect. III.
[2] Lordat ; *loc. cit.*, pag. 85.
[3] Pinel ; Nosograph. philos., tom. II, pag. 621.

6° *Hémorrhagie intestinale.* — Dumas [1] rapporte, d'après Fabrice de Hilden, qu'une migraine violente et invétérée avait été traitée longtemps par des remèdes variés sans résultat ; la saignée de la temporale et un séton à la nuque n'avaient aussi procuré que peu de soulagement, quand le malade rendit par les selles plus de quatre livres de sang noir et coagulé ; une amélioration sensible s'ensuivit ; une nouvelle hémorrhagie intestinale très-considérable survint trois semaines après et termina tout à fait la maladie.

Quant aux hémorrhagies intestinales qui paraissent dans le scorbut, les fièvres putrides et ataxo-adynamiques, elles sont le plus souvent symptomatiques ou d'un appauvrissement du sang, ou d'une ulcération intestinale, et n'apportent pas de soulagement au malade.

7° *Hémorrhoïdes.* — Ces évacuations sont critiques dans la fièvre inflammatoire, la pleurésie, la péripneumonie, l'hépatite, la colique néphrétique, la mélancolie, l'hypochondrie et la manie, et dans beaucoup de maladies chroniques.

Baumes parle d'un cas d'hémorrhoïdes « qui, lors- » qu'elles fluaient par art ou naturellement, remé- » diaient à une maladie inflammatoire de la poitrine [2]. »

[1] Dumas; *loc. cit.*, pag. 130.
[2] Baumes; Traité de la phthisie pulm., tom. I, pag. 478.

Stork a vu régner une fièvre inflammatoire qui se terminait par la même évacuation.

Les signes de ces crises sont : borborygmes, flatuosités, douleurs aux lombes et aux aines, pesanteur au périnée, chaleur et démangeaison vers l'anus et dans le rectum, besoins fréquents d'uriner ou d'aller à la selle ; et pour les signes généraux, pâleur de la face, pouls dur, inégal et tremblotant.

Les hémorrhoïdes sont une de ces évacuations qui peuvent devenir fonctionnelles, et qui, de cette façon, prennent le caractère que nous avons assigné aux crises préventives périodiques.

8º *Hématurie.* — On trouve dans Amatus Lusitanus [1] l'observation d'un jeune homme qui fut guéri d'une fièvre ardente par un pissement de sang au sixième jour.

M. Rodrigues cite dans sa thèse une observation concluante d'hématurie rénale, que nous rapportons ici : « Un jeune homme âgé de vingt ans, après un » excès de table, entre dans une fièvre continue : cha-» leur à la peau, céphalalgie, bouche sèche, soif vive, » pouls plein et fort, insomnie (saignée). Le deuxième » jour, mêmes symptômes : tension à l'hypogastre, » ardeur d'uriner (saignée, bain). Le troisième, » suppression d'urine (50 sangsues au périnée, bains,

[2] Amatus Lusitanus; *Curat. med. aut. 2*, curat. *93*.

» lavement émollient). Dans la nuit, agitation, éprein-
» tes , douleur dans les régions lombaires. ; le matin ,
» hématurie si violente , que le malade tombe en syn-
» cope. Guérison rapide [1]. »

Bosquillon [2], dans ses notes de Cullen, rapporte un
cas curieux d'un pissement de sang qui arrivait à un
homme tous les ans depuis son enfance ; ce n'est que
quarante ans après qu'il ressentit des douleurs dans
le rein gauche et qu'il s'y produisit une tumeur. Bosquillon pense que l'altération rénale avait existé de
tout temps et avait été cause de l'hématurie ; nous
croyons que la durée de ce symptôme et sa périodicité
doivent faire supposer justement le contraire.

9° *Métrorrhagie.* — Le flux menstruel est, comme
nous le verrons plus tard , une véritable crise physiologique ; mais nous ne devons, dans ce chapitre, faire
mention que de ses qualités critiques au point de vue
d'un état morbide ; or, l'hémorrhagie utérine peut
jouer le rôle de crise de diverses manières.

Il arrive souvent que l'écoulement des règles a de
la peine à se faire , soit qu'il cherche à s'établir pour
la première fois , soit qu'une cause quelconque en
rende l'évolution difficile. L'état qui résulte de ces
entraves , lorsqu'il prend un peu d'intensité, peut être

[1] Rodrigues ; *loc. cit.*, pag. 45.
[2] Cullen ; *loc. cit.*, tom. II , pag. 153.

tout à fait considéré comme une maladie à laquelle l'apparition des règles sert alors de crise, dans toute l'acception du mot.

Si, au lieu d'être simplement difficiles, les menstrues ne pouvaient s'établir, ou bien si elles étaient supprimées, des maladies graves seraient le résultat de ce désordre, et le rétablissement de cette fonction jouerait le rôle de crise à l'égard de toutes les affections produites par son défaut.

Il peut encore se faire que l'apparition des règles, à leur époque régulière et normale, juge un état morbide dépendant d'une autre cause, l'effort critique venant se confondre en quelque sorte avec l'effort fonctionnel ; il peut arriver aussi qu'une maladie se termine par une hémorrhagie utérine tout à fait indépendante de l'écoulement mensuel, la force médicatrice trouvant cette voie d'autant plus facile que, comme on le voit par ce qui précède, la nature en a déjà l'habitude.

Ces remarques s'appliquent aux maladies inflammatoires, pléthoriques, fébriles, à la pleurésie, la pneumonie, le rhumatisme, et les maladies chroniques.

On en trouve de fréquents exemples dans les auteurs. Hippocrate en cite beaucoup, entre autres celui de la vierge de Larissa [1], si souvent invoqué. Dans l'épidémie de fièvres de Thasos, toutes les femmes qui

---

[1] Hippocrate; Épid. III, 13; éd. Littré, tom. III, pag 137.

eurent un écoulement de sang utérin aux jours critiques guérirent[1].

Voici un exemple de ménorrhagie critique emprunté
à Rivière : « La servante de M. Germain, citoyen de
» Montpellier, eut une douleur piquante de côté avec
» la toux et les crachats blancs, qui parurent pourtant
» deux ou trois fois mêlés de sang; elle se couchait
» mieux sur le côté malade, qui était le côté droit;
» elle était sans fièvre, ce qui était un signe que ce
» n'était pas une véritable pleurésie, puisqu'une sem-
» blable inflammation ne peut pas être sans une fièvre
» aiguë ; le septième jour de la maladie, la douleur ne
» l'ayant jamais abandonnée, elle cracha beaucoup de
» sang pendant quelques heures, à quoi succéda l'ar-
» rivée de ses menstrues, qui terminèrent entièrement
» son mal[2]. »

Les signes qui annoncent la métrorrhagie critique
sont, d'une manière générale, les prodromes des règles :
douleurs de reins, sensation de pesanteur dans les
aines, gonflement et sensibilité du mamelon, chaleur
et démangeaison vers le rectum et les organes génitaux, envies illusoires d'uriner et d'aller à la selle,
borborygmes et flatuosités avec tension du ventre,
altération dans les traits et pâleur de la face ; enfin,
état particulier du pouls que Bordeu définit de cette

[1] Hippocrate ; Épid. I, const. 3, éd. Littré, tom. II, pag. 649.
[2] Rivière; Observations de médecine, 1688, pag. 117.

manière : « Le pouls simple de la matrice est ordinai-
» rement plus élevé, plus développé que dans l'état
» naturel, ses pulsations sont inégales ; il y a des re-
» bondissements moins constants à la vérité, moins
» fréquents ou moins marqués que dans le pouls nasal,
» mais cependant assez sensibles [1]. »

10° *Sueurs de sang*. — Des hémorrhagies par la
peau, sur toute sa surface ou sur un point limité, sont
des phénomènes rares, mais pourtant authentiques ;
le professeur Caizergues [2] en décrit une qu'il a ob-
servée lui-même, et avant lui plusieurs observateurs en
avaient rapporté des exemples.

Il existe même des sueurs de sang réellement critiques. Zacutus Lusitanus [3] a vu des hémorrhagies cu-
tanées juger à plusieurs reprises une fièvre inflammatoire qui revenait chaque printemps. Ces hémorrhagies étaient annoncées par une démangeaison de tout
le corps.

On trouve dans les Transactions philosophiques l'observation d'un jeune homme qui eut, depuis son enfance, une hémorrhagie par le pouce de la main gauche ;
elle paraissait à peu près tous les mois, sans être précédée de signes propres à annoncer chez cet individu

---

[1] Bordeu ; *loc. cit.*, tom. I, pag. 291.
[2] Journal de Leroux ; mars 1814.
[3] Zac. Lusitanus ; *De prax. medic. admir.*, lib. III, obs. 72.

un état de pléthore. Il rendait, pendant les premières
années de sa vie, environ quatre onces de sang;
mais vers la seizième il en évacuait à peu près une
demi-livre. Tant que cette évacuation eut lieu régulièrement il se porta bien ; ce ne fut qu'à l'âge de vingt-
quatre ans qu'elle se fit très-difficilement, et fut même
supprimée par l'application d'un fer chaud ; la santé
éprouva alors quelque dérangement.

On cite aussi des cas où les menstrues ont été rem-
placées par des hémorrhagies d'un ulcère. Il est peu
de voies d'ailleurs qui, dans de pareilles conditions,
n'aient fourni des exemples d'hémorrhagies critiques.
« Qu'une circonstance particulière ait dirigé une fois
» l'effort hémorrhagique vers un endroit déterminé, dit
» Pinel, cette direction peut devenir comme habituelle ;
» et c'est ainsi qu'on a vu quelquefois le sang sortir
» périodiquement par une des joues, par l'angle interne
» de l'œil, par l'oreille[1], etc. »

« Il n'y a sorte de voie, dit Dumas, par où l'éva-
» cuation du sang, qui obéit au mouvement d'une crise,
» ne puisse se faire dans le besoin. Les vaisseaux ar-
» tériels eux-mêmes s'ouvrent et se prêtent à cette
» évacuation, lorsqu'elle trouve un obstacle invincible
» du côté des organes qui devaient la fournir[2]. »

---

[1] Pinel; *loc. cit.*, tom. II, pag. 558.
[2] Dumas ; *loc. cit.*, pag. 131.

§ 2. — Crises par sécrétions.

Ces crises se rencontrent plus fréquemment dans les maladies catarrhales ou bilieuses ; en général, elles sont annoncées par des signes moins tranchés que les hémorrhagies et se répètent à plusieurs reprises ; elles peuvent juger pourtant d'une manière très-rapide, quoique, nous le répétons, ce ne soit pas leur caractère.

Elles consistent tantôt dans une sécrétion augmentée, tantôt dans l'altération du liquide qui en fait la base. Cette altération, qui pour les anciens était due à l'élimination de la matière cuite, est simplement le résultat du trouble fonctionnel dépendant, soit de la maladie, soit de l'effort critique lui-même.

1º *Mucus nasal.* — Ce fut l'altération manifeste des liquides sécrétés par les narines dans les différentes périodes d'un coryza, qui servit de point de départ aux humoristes pour la construction de leur système sur la coction. Hippocrate[1] en prend acte, dans son livre de l'Ancienne médecine, pour montrer, par les changements qu'il éprouve en devenant épais, tempéré, cuit, après avoir été âcre et brûlant, les effets des

---

[1] Hippocrate ; De l'ancienne médecine, 18 ; éd. Littré, tom. I, pag. 613.

intempéries et de l'atténuation des humeurs. On peut donc considérer l'écoulement muqueux et jaunâtre qui survient à la fin du coryza, comme la crise de cette affection. Ce même écoulement nasal peut se ren-contrer critique dans des maladies plus générales, dans les fièvres essentielles par exemple [1]. D'après Double, la sécrétion augmentée de la muqueuse de Schneider, calme en général ou même fait cesser les maux d'yeux. Cet écoulement sert aussi de solution, d'après lui, à la céphalalgie, la migraine ; l'angine ma-ligne quelquefois, les affections rhumatismales et l'é-rysipèle se jugent aussi par un coryza. « Il est assez » ordinaire, ajoute le même auteur, de voir finir les » fièvres putrides par une excrétion de mucosités » épaisses et chaudes et même purulentes, sortant des » narines. Tout le monde sait que tant que ces parties » restent sèches et arides, c'est un mauvais signe , et » que, lorsqu'elles commencent à s'humecter, la ma-» ladie arrive heureusement à ses dernières périodes [2]. »

D'après Bordeu, l'écoulement muqueux des narines serait annoncé par le même pouls que le saignement du nez. « Comme les évacuations du nez sont commu-» nément aussi pituiteuses ou muqueuses que sangui-» nolentes, il arrive souvent que le pouls nasal indique » une évacuation pituiteuse [3]. »

[1] Voy. Landré-Beauvais , *loc. cit.*, pag. 605.
[2] Double ; Séméiologie générale , tom. III, pag. 86.
[3] Bordeu ; *loc. cit.*, tom. I, pag. 275.

2º *Crachats*. — La pleurésie, la pneumonie, le catarrhe pulmonaire, les divers accès d'asthme, qu'ils tiennent à un élément nerveux ou à un emphysème pulmonaire, en un mot les maladies des poumons en général, trouvent leur solution par une expectoration muqueuse. Nous pouvons faire observer, au sujet de la pneumonie, de la bronchite, les altérations qui surviennent dans la nature des crachats pendant le cours de la maladie, comme nous avons remarqué celles que présente le mucus nasal pendant les diverses périodes d'un coryza. Au début d'une fluxion de poitrine, les produits expectorés sont peu abondants, séreux, visqueux, adhérents, écumeux, salés, amers; ils deviennent ensuite plus ou moins rouges, et prennent ces teintes diverses depuis les simples stries jusqu'à la couleur du jus de réglisse, du jus de pruneaux, qui indiquent la proportion de sang qu'ils contiennent; si la fluxion diminue, ils deviennent au contraire épais, jaunes, consistants, se détachent avec facilité, en abondance, et n'ont ni odeur ni saveur. Leur expectoration soulage et fait éprouver un sentiment de liberté dans la poitrine; ils ont servi de crise à la pneumonie.

Si l'expectoration est une des terminaisons les plus favorables et qu'il faut le plus respecter et favoriser dans les maladies de poitrine, elle ne laisse pas que d'être funeste aussi dans certains cas. On voit des poumons engorgés par l'abondance de la matière dont l'éruption devait servir de crise, rester suffoqués par elle, parce qu'affaiblis par la maladie ils n'ont plus la force de s'en débarrasser.

Outre que les crachats peuvent être critiques des maladies qui ont ainsi leur siége sur les poumons eux-mêmes, l'expectoration peut encore juger des affections générales ou localisées ailleurs. Bon nombre de maladies, en effet, cherchent leur crise dans cette région, non sans danger pour les malades, il faut en convenir. La faiblesse relative de ces organes est, selon Baumes[1], la cause que les efforts critiques se portent vers eux de préférence; mais cette faiblesse est aussi la cause que les crises y restent très-souvent incomplètes, servant alors de germe à des maladies de poitrine. Cette faiblesse relative, exagérée chez beaucoup d'individus, explique comment tant d'affections jouent le rôle de cause déterminante par rapport à la phthisie pulmonaire.

Il est de fait que beaucoup de phthisies sont le résultat de crises incomplètes par la voie des poumons, soit dans les diverses maladies qui affectent cet organe, soit dans des fièvres essentielles qui ont choisi ce point pour leur solution. Ce danger est classique pour la scalatine et surtout pour la rougeole, et, de là, le précepte de surveiller avec soin ce genre de crise, pour en obtenir l'achèvement parfait, ou pour

[1] Baumes; *loc. cit.*, tom. II, pag. 9.

détourner sur une voie moins dangereuse les efforts incomplets de la nature.

3º *Vomissement.* — Le vomissement est en général considéré comme une crise rare, ou comme une crise qui ne se produit que lentement et difficilement par elle-même et au secours de laquelle il faut venir. Nous croyons ici quelques remarques nécessaires pour éclaircir le sens de ces propositions.

Le vomissement est un acte pathologique qui a plusieurs effets : le premier est de chasser des sécrétions biliaires et muqueuses accumulées sur les parois de l'estomac, et qui par leur contact ou leur absorption servent de stimulus perpétuel à certaines maladies ; en outre, par les efforts qu'il nécessite, efforts auxquels un grand nombre de muscles prennent part, il détermine l'emploi d'une somme considérable de forces, et une perturbation dans les mouvements qui peut avoir un résultat utile en détruisant le spasme, en rétablissant l'équilibre général et en provoquant une réaction avantageuse vers la peau.

De cette façon, le vomissement peut être critique de plusieurs manières, soit en chassant les matières étrangères accumulées dans l'estomac, soit en imprimant des secousses violentes qui jugent et terminent un état spasmodique, soit par ces deux moyens combinés.

Nous allons examiner successivement chacune de ces façons d'agir.

Quand le vomissement enlève des matières qui se trouvaient dans l'estomac, ou bien ces matières sont étrangères à l'économie et déterminent des réactions, et nous ne pouvons les considérer alors comme critiques. Ainsi le vomissement n'est pas critique quand il fait cesser les symptômes d'une indigestion. Double dit que : « dans la constitution épidémique vermineuse » dont Van den Bosch nous a transmis les détails, » souvent le vomissement de vers a servi de crise à la » maladie. Ces choses, ajoute-t-il, se retrouvent tous » les jours dans la pratique [1]. » Il est pourtant bien évident qu'en pareille occasion le vomissement n'a servi qu'à éliminer un stimulus de réaction et n'a pas été critique. Ou bien les matières vomies, comme la bile, les mucosités, sont le résultat d'une sécrétion ; cette sécrétion de bile et de mucosité pouvant être elle-même une crise. Le vomissement n'est alors, en quelque sorte, que l'auxiliaire et le complément de l'acte judicateur : l'un parce qu'il favorise l'excrétion de ces matières, l'autre parce qu'il empêche qu'elles ne s'accumulent sur l'estomac. C'est là son rôle dans les affections bilieuses. On s'accorde en général à dire que dans ces affections les crises sont lentes à venir et qu'il faut y suppléer par l'émétique ; or, le

[1] Double ; *loc. cit.*; tom. III, pag. 143.

plus souvent les crises viennent bien, c'est-à-dire, que l'évacuation de bile se fait ; mais elles peuvent n'être pas suffisantes ou laisser leurs produits séjourner dans l'estomac ; de là, l'utilité de l'émétique, moins souvent pour produire la crise que pour l'achever par le double concours du vomissement.

Ce genre de crise n'est pas rare ; et bien que le vomissement soit plus souvent symptomatique que critique, il arrive fréquemment dans les maladies bilieuses qu'il revêt ce dernier caractère. En outre, il constitue une crise partielle en enlevant une complication dans beaucoup d'autres maladies ; il n'en est pas moins critique dans ces cas, malgré ce qu'en dit Beauvais [1], et bien qu'il ne termine pas toute la scène morbide ; mais il faut analyser le fait très-complexe qui porte le nom de maladie, pour lui reconnaître cette qualité ; il faut avoir égard aux divers éléments dont une affection peut se composer, et le considérer comme la crise de l'un de ces éléments. Vous enlevez par le vomissement un embarras gastrique qui complique une affection paludéenne ; ce vomissement ne sert, d'après Landré, qu'à favoriser l'évolution naturelle de la maladie en supprimant une influence gênante. C'est très-vrai, mais cette influence gênante, qui provenait par exemple de l'élément bilieux, vous vous en êtes débarrassé par la crise de cet élément.

[1] Landré-Beauvais ; *loc. cit.*, pag. 606.

Dans sa seconde façon d'agir, le vomissement est
critique d'une tout autre manière ; il doit cette vertu
aux efforts qu'il implique et qui servent à détruire
l'état spasmodique, à diriger les mouvements du centre
à la circonférence, à rétablir, en un mot, l'équilibre
dans le système des forces. Il rentre alors dans le cas
des crises sans matière, et trouve son emploi surtout
pour juger des affections nerveuses ; c'est de cette
manière que, d'après Double [1], il sert de crise chez
les maniaques, les hystériques, les hypochondriaques.
Sydenham [2] avait également entrevu ce genre d'influence, quand il s'étonne du peu de rapport qui existe
souvent entre la quantité des matières rendues et les
bienfaits du vomissement. C'est à ce même titre qu'il
est critique dans la période de froid des accès de fièvre, comme le rapporte Cullen [3]. Bien que ce soient
en apparence les sueurs qu'il provoque, les secousses
qui retentissent dans tout le système en lui imprimant
du ton, en stimulant les absorbants, etc., qui, dans ces
divers cas, paraissent juger les maladies, la véritable
cause de ces réactions salutaires, le véritable effort
critique n'en reste pas moins l'acte du vomissement
lui-même.

Ces deux genres de services offerts par le vomisse-

[1] Double ; *loc. cit.*, tom. III, pag. 142.
[2] Sydenham ; *loc. cit.*, tom. I, pag. 29.
[3] Cullen, *loc. cit.*, tom. I, pag. 9.

ment se confondent le plus souvent, et on le voit servir
de crise à la fois par le flux de bile qui le provoque,
et par l'effort qu'il nécessite ; les affections composées
sont, en effet, nombreuses, l'élément nerveux, spasmodique, vient en compliquer beaucoup, et la double
vertu de ce symptôme médicateur trouve de fréquents
emplois.

Le vomissement avait souvent lieu aux jours critiques, et portait ce caractère dans la fièvre de Lau-
sanne décrite par Tissot[1]. Dans celle dont ont parlé
Wagler et Rœderer[2], le vomissement était également
avantageux. Zimmermann[3] cite un cas remarquable
de vomissement très-fort, qui, chez un Anglais, servait
habituellement de crise dans des accès de goutte.

Voici, d'après Double, les signes du vomissement
critique: «Si le vomissement se déclare spontanément
» au début d'une maladie gastrique, sans aucun signe
» d'inflammation ; si dans les autres maladies il a lieu
» aux temps critiques, au milieu d'un certain nombre
» d'autres signes favorables ; si le malade se plaint
» d'anxiétés, de lassitudes générales, d'une sorte de
» prurit de l'estomac, d'amertume de la bouche, de
» salivation abondante; si après le vomissement le

[1] Tissot; *Dissertatio de febribus biliosis seu historia epidemiœ biliosœ lausaniensis*, 1755.

[2] Rœderer et Wagler; *Tractatus de morbo mucoso.* Gœttingue, 1783.

[3] Zimmermann; *loc. cit.*, tom. II, pag. 53.

» malade se sent soulagé, et si réellement on s'aperçoit
» qu'il y ait une amélioration réelle, que les urines ,
» auparavant claires et blanches, deviennent sédimen-
» teuses, que le sommeil remplace l'agitation, et que
» le calme de l'esprit fasse place aux inquiétudes, on
» peut regarder le vomissement comme critique[1]. »

4º *Déjections.* — La diarrhée est une crise fréquente, et l'une de celles auxquelles l'art s'adresse
souvent, soit à cause de sa nature inoffensive, soit
à cause de la préférence que la nature semble avoir
pour elle.

On trouve cette crise dans la plupart des maladies
aiguës ; elle est héroïque dans la fièvre gastrique bilieuse ; celle-ci se juge dans les premiers jours par
les vomissements et à la fin par les selles, d'où le
précepte de Grimaud[2] de la traiter par les vomitifs
dans le début et les purgatifs à la fin. La fièvre puer-
pérale, où la diarrhée est quelquefois si grave, peut
être jugée par ce symptôme, quand il survient après
le septième ou le onzième jour. Les fièvres catarrhales, les embarras gastriques et intestinaux, l'hépatite,
les pneumonies, sont encore jugées par ce moyen ;
dans ces divers cas, la diarrhée critique est constituée
par une matière homogène bien fondue, d'un jaune

[1] Double ; *loc. cit.*, tom. III, pag. 155.
[2] Grimaud ; *loc. cit.*, tom. II, pag. 45.

13

brunâtre, épaisse et semblable à de la purée. Les affections catarrhales, les fièvres muqueuses, la dysenterie peuvent trouver aussi leur solution par un flux abondant de matière muqueuse.

Les maladies chroniques se terminent souvent par des selles critiques. D'après Dumas [1] et Landré-Beauvais [2], les évacuations du ventre auraient une efficacité incontestable dans la manie, la mélancolie, l'hypochondrie. On cite des cas de guérison d'hydropisies, d'épanchements pleurétiques, par les déjections alvines, et la méthode des révulsifs intestinaux, qu'on leur oppose, est toute fondée sur ces exemples. Dans ces derniers cas, ces évacuations prennent le plus souvent le caractère d'un flux abondant de matières séreuses.

Stork cite l'observation d'une anasarque et d'une ascite, qui disparurent, après avoir résisté à toutes les ressources de l'art, en se jugeant par une énorme quantité de selles aqueuses.

Rivière [3] rapporte un grand nombre d'exemples d'hydropisies dans lesquelles des purgatifs réussirent à déterminer la crise par la voie des déjections alvines. Andral [4] cite également une observation de diarrhée critique dans une ascite.

Il est très-important de faire la distinction entre

1 Dumas; *loc. cit.*, pag. 120.
2 Landré-Beauvais; *loc. cit.*, pag. 607.
3 Rivière; *loc. cit.*
4 Andral; *loc. cit.*, pag. 28.

la diarrhée critique et celle qui n'a pas ce caractère, pour savoir la respecter ou la craindre, ce même symptôme pouvant être, dans une même maladie, signe de mort et signe de guérison. Chez une femme en couches, comme nous l'avons observé déjà, le flux de ventre est quelquefois très-dangereux ; il peut se montrer critique dans les fièvres puerpérales. Les phthisiques peuvent être quelquefois soulagés, et sont souvent très-affaiblis par cette complication.

En général, le cours de ventre n'est pas critique, s'il apparaît au début ; on devra s'en inquiéter aussi quand il surviendra sans amender les autres symptômes. Il a d'ailleurs pour signes précurseurs : borborygmes, bruissements dans les intestins, tension et soulèvement du ventre et des hypochondres, douleurs des lombes, coliques, pouls intermittent, inégal, développé et surtout irrégulier.

Disons, pour achever ce qui est relatif aux crises par les selles, que Stahl considère le flux de ventre comme pouvant servir d'émonctoire habituel et jouer le rôle que nous avons assigné aux crises préventives périodiques.

5° *Sueurs.* — Les sueurs sont la plus facile, la plus inoffensive, et la plus avantageuse, par conséquent, de toutes les voies que la nature sait si bien se ménager pour ses crises dans le vaste domaine des sécrétions. Elles sont aussi la plus usitée ; de nombreuses

maladies se jugent par leur intermédiaire, et c'est ainsi
que l'on compte au nombre des affections qui viennent
souvent implorer leurs bienfaits, les fièvres inflammatoires, bilieuses, muqueuses, catarrhales, rhumatismales, les affections spasmodiques, beaucoup de maladies chroniques. Dans la pneumonie, quoi qu'en
pense Piorry [1], les sueurs sont un fréquent moyen de
solution. Andral [2] en cite deux exemples. Elles servent
quelquefois de crises aux hydropisies essentielles.

Dumas [3] rapporte l'exemple d'un boulanger atteint
d'une affection arthritique de la cuisse droite, qui en
fut guéri à deux reprises différentes par des sueurs
spontanées.

Dans les fièvres intermittentes, la sueur qui termine l'accès n'est pas considérée par tous comme critique. Ainsi, Landré-Beauvais [4] lui refuse cette qualité,
que lui confère Sydenham [5]. L'Hippocrate anglais les
considère alors comme des crises imparfaites laissant
subsister un levain fébrile caché dans le sang, qui est
ensuite cause de l'accès suivant. Sans admettre cette
explication humorale, nous croyons que la sueur met
fin à l'accès de fièvre intermittente, à la façon des
crises des maladies diathésiques, c'est-à-dire, comme

[1] Piorry ; Traité de diagn. et de séméiotique, tom. III, pag. 75.
[2] Andral ; *loc cit.*, pag. 34 et 35.
[3] Dumas ; *loc. cit.*, pag. 127.
[4] Landré-Beauvais ; *loc. cit.*, pag. 608.
[5] Sydenham ; *loc. cit.*, pag. 320.

nous l'avons exposé ailleurs, en jugeant l'espèce d'excédant affectif qui est cause de l'accès et qui s'accumule pendant les intervalles apyrétiques, excédant qui est comme un produit de l'affection, renouvelable au bout d'une certaine période. On peut donner à ces sueurs une valeur critique plus importante, en les considérant comme des crises imparfaites qui, secourues ou suffisamment renouvelées, finissent par juger complètement l'état morbide. Abandonnées à elles-mêmes, les fièvres intermittentes s'affaibliraient et cesseraient à la longue, en supposant que le malade pût résister jusqu'à cette époque ; les fièvres légères du printemps servent à confirmer cette opinion, puisque, selon Sydenham [1], elles peuvent guérir par les sudorifiques, ou même toutes seules, entre les mains « du plus ignorant médecin, pourvu qu'il soit honnête » homme. »

Les signes qui annoncent les sueurs critiques sont en général moins évidents que ceux qui précèdent la plupart des autres crises. On peut pourtant leur assigner un tableau assez peu susceptible de varier. Tous les auteurs s'accordent à reconnaître qu'elles sont précédées d'un frisson et d'un mouvement fébrile variable. Grimaud [2] attache au frisson une grande importance, quand il est accompagné de resserrement du

---

[1] Sydenham ; *loc. cit.*, tom. I, pag. 69.
[2] Grimaud ; *loc. cit.*, tom. III, pag. 306,

ventre. Il y a donc aussi, avant l'invasion de la sueur
critique, constipation ou au moins diminution dans les
déjections alvines ; il y a également suppression ou
diminution des urines ; la face est rouge, la peau
s'assouplit, se détend. Les variations du pouls de la
sueur ont été notées aussi d'un commun accord ; ce
pouls est plein ou développé, mou, simple, ondulant,
et un peu fréquent. C'est le pouls *undosus* de Galien
et *insiduus* de Solano. Voici la modification que Bordeu
y apporte : « Lorsque le pouls est plein, souple, déve-
» loppé, fort, qu'à ces modifications se joint une iné-
» galité dans laquelle quelques pulsations s'élèvent
» au-dessus des pulsations ordinaires et vont en aug-
» mentant jusqu'à la dernière, qui se fait distinguer
» par une dilatation et en même temps une souplesse
» plus marquée que dans les autres pulsations, il faut
» toujours attendre une sueur critique [1]. »

Les sueurs critiques paraissent le matin ; elles sont
douces, modérées et générales, elles ont une odeur
particulière qu'il est aisé de reconnaître, et « forment
» autour du malade comme une atmosphère de vapeurs
» chaudes et humides qui commencent ordinairement
» à s'élever de la région des flancs ou des lombes [2]. »
Le malade en est constamment soulagé.

Un des caractères des crises par les sueurs, c'est

[1] Bordeu ; *loc. cit.*, tom. I, pag. 305.
[2] Double ; *loc. cit.*, tom. III, pag. 325.

d'être le plus souvent incomplètes, bien que suivies d'un soulagement prompt et réel ; l'affection a besoin de plusieurs tentatives pour se juger définitivement par cette voie, et il est rare qu'elle n'y procède pas graduellement. D'autres fois, les sueurs ne sont qu'un, moyen de soulagement et non de solution complète. C'est ce qui arrive, par exemple, dans les fièvres catarrhales putrides, comme le fait observer Grimaud [1]; c'est ce qui a lieu pour certaines sueurs partielles : ces sueurs sont en général symptomatiques et de mauvais augure ; celles qui arrivent aux membres inférieurs dans les affections catarrhales, vers la fin de la nuit et le matin, sont des crises partielles et incomplètes qui enlèvent quelque chose de la violence de la maladie.

Les sueurs critiques ont encore ceci de particulier, que souvent elles s'adjoignent d'autres sécrétions pour juger les maladies ; il n'est pas rare, par exemple, de voir des crises compliquées se faire à la fois par les sueurs et les urines, les sueurs et les crachats, etc. Dumas [2] cite l'exemple d'une jeune et belle Américaine qu'il traita pendant six mois pour une affection vaporeuse compliquée d'hystéricie, et qui ne vit sa situation sensiblement améliorée que par l'apparition simultanée du crachement, de l'expectoration, de l'écoulement des narines, des sueurs, des urines et des évacuations du ventre.

[1] Grimaud ; *loc. cit.*, tom. IV, pag. 127.
[2] Dumas ; *loc. cit.*, pag. 126.

Les sueurs peuvent aussi prendre le caractère des crises permanentes, alors elles sont partielles et siégent le plus souvent aux pieds. Tout le monde connaît le danger de la suppression de pareilles sueurs, et les exemples en sont nombreux dans la science.

6o *Urines*. — Nous voici maintenant arrivé à l'appréciation d'un signe que les uns ont élevé si haut, que les autres ont si complètement mis de côté. Les anciens attachaient à l'inspection des divers phénomènes présentés par la sécrétion urinaire, une valeur séméiotique des plus importantes ; dans le moyen-âge l'art de deviner les maladies et de prédire leur résultat au moyen des urines prit, sous le nom d'uromancie, le caractère d'un grossier charlatanisme, qui put trouver alors beaucoup de dupes, mais qui ne trouve plus aujourd'hui que quelques adeptes obscurs. Les prophètes urinaires, comme les appelait Boerhaave, n'ont laissé après eux qu'une incrédulité complète, et cet excès d'un autre genre nous paraît aussi regrettable. Il faut reconnaître, en effet, que l'inspection des urines dans les maladies peut être pour le médecin un secours très-utile et qu'il aurait tort de négliger, de même qu'il aurait tort, en lui accordant une valeur exagérée, de s'en tenir à ce signe isolé.

L'importance de cette étude est en partie démontrée par le rôle que la sécrétion urinaire est appelée à jouer, tant par ses altérations que par son abondance, comme moyen de solution de diverses maladies.

Mais avant d'exposer notre façon de penser à cet
égard, examinons quelques détails de celle des anciens. Il sortirait du cadre que nous nous sommes
tracé, d'entrer ici dans un examen relatif aux divers
départs des urines, considérés comme base de séméiotique. Nous devons nous borner à mentionner ce qui,
dans ces départs, servait d'élément au pronostic.

La pellicule nageant à la surface était pour eux le
moins important ; Hippocrate ne le mentionne que
comme signe séméiotique. « Les parties graisseuses,
» dit-il, semblables à des toiles d'araignée et surna-
» geant sur les urines, sont suspectes, car elles indi-
» quent une colliquation [1]. »

L'énéorème, qui prenait le nom de nuage en s'élevant
vers les parties supérieures, était un indice important
de crudité, et de coction ou de crise, suivant qu'il se
rapprochait de la pellicule ou du sédiment, et qu'il
se ralliait à eux. « Dans les urines où se trouvent les
» nuages, dit le Père de la médecine, il faut examiner
» s'ils sont en haut ou en bas, et comment ils sont
» colorés ; ceux qui descendent en bas..... doivent
» être considérés comme favorables, et il faut s'en louer.
» Ceux qui montent en haut...... sont défavorables,
» et il faut s'en défier [2]. »

Les anciens pensaient que lorsque l'énéorème était

[1] Hippocrate; Pronostic, éd. Littré, tom. II, pag. 143.
[2] Hippocrate; *loc. cit.*, tom. II, pag. 143.

libre et flottant, c'était un signe de crise imparfaite, et
que la crise était parfaite lorsqu'il se rattachait par sa
base au sédiment. La formation prompte de l'énéorème
ou du sédiment indique l'approche d'une crise : « Ceux
» dont les urines déposent promptement, ceux·là sont
» jugés promptement [1]. »

De Haen regardait comme suspects les énéorèmes
en boules, quelle que fût d'ailleurs leur position relative ; les énéorèmes légers et blancs formés peu de
temps après l'émission des urines seraient avantageux.
L'énéorème noir est signe de danger : « Les nuages
» rouges, noirs et livides annoncent des difficultés [2]. »

Quant au sédiment, son inspection avait aussi une
grande valeur, et c'est, au reste, celle qui est restée
la plus complète. La présence même du sédiment et
sa précipitation prompte étaient critiques; la couleur
de ce sédiment avait une grande valeur comme signe
diagnostique et pronostique, le seul qui doive nous
occuper. Pour être critique ou pour annoncer une
crise, ce qui avait lieu suivant l'époque de son apparition, il fallait, en outre, qu'il fût blanc, uni, fixé ;
le sédiment noir, roux, furfuracé, indistinct, varié,
était au contraire funeste : « Une urine ayant dans
» une fièvre un sédiment blanc et uni, fixé, annonce
» une prompte solution..... Parmi les urines, sont

[1] Hippocrate ; Pronostic, éd. Littré, tom. V, pag. 721.
[2] Hippocrate ; *loc. cit.*, pag. 713.

» funestes l'urine ayant un sédiment noir, et l'urine
» noire [1]. »

Mais l'on ne s'arrêterait plus à citer un si grand
maître ; bornons-nous à dire, pour résumer cet exposé
rapide, des opinions des anciens sur les urines critiques, qu'en général les urines ténues et sans départ
appartenaient à la période de crudité, et que la coction
et la crise s'annonçaient par le trouble produit en
elles, au moyen des divers dépôts.

Que faut-il penser aujourd'hui de la valeur critique
des urines ? Sans contredit, la sécrétion urinaire est
une de celles qui se laisse le plus influencer dans sa
nature et sa quantité, par les divers états pathologiques
et même physiologiques de notre organisme, et c'est
une raison de supposer qu'elle aura une grande valeur
symptomatique ; mais, d'autre part, on est forcé de reconnaître aussi que ces changements eux-mêmes sont
peu constants et peu en rapport avec une même altération pathologique. Cette considération, que nous don-
nons sous le patronage de Double[2], nous paraît con-
firmée par la comparaison qu'il a faite de nombreux
auteurs qui assignent aux mêmes altérations de l'urine,
des valeurs séméiotiques diverses, ou qui, en décrivant
des épidémies analogues, laissent voir dans chacune
de véritables différences dans l'état des urines. Outre

[1] Hippocrate ; *loc. cit.*, pag. 713 et 715.
[2] Double ; *loc. cit.*, tom. III, pag. 217 et suiv.

que leur valeur est ainsi diminuée par ce caractère d'inconstance, elles sont aussi rarement critiques à elles seules; c'était là l'opinion de Solano de Lucques, à ce que dit Niehll[1]; c'était celle d'Hoffmann[2] et de De Haen[3], qui n'a vu qu'un seul cas où les urines aient été exclusivement critiques. Les crises auxquelles elles s'adjoignent le plus souvent sont celles par sueurs et déjections alvines.

Toutefois, en joignant cette valeur séméiotique, toute inconstante qu'elle soit, aux autres signes, elles deviennent quelquefois un présage utile, de même qu'a-joutées aux autres crises elles n'en sont pas moins un puissant auxiliaire pour la solution des maladies.

Les urines critiques se rencontrent dans les fièvres aiguës, éphémères, inflammatoires, catarrhales et bi-lieuses; dans les affections rhumatismales, goutteuses; dans la pleurésie, la pneumonie, les inflammations des organes viscéraux. Dans les névroses, et entre autres l'hystérie, une urine abondante termine souvent les accès. La manie guérit quelquefois par ce moyen[4]. Enfin, elles sont aussi un moyen de solution des ma-ladies, souvent imité par les moyens artificiels.

L'urine est critique par sa quantité et par les dé-pôts qu'elle fournit. Un caractère d'un autre genre de

---

[1] Nihell; *loc. cit.*, § 7, pag. 7.

[2] Hoffmann; *Opera*, tom. II, pag. 80 et suiv.

[3] De Haen; *Ratio medendi.*, tom. IV; pag. 56.

[4] Voy. Landré-Beauvais; *loc. cit.*, pag. 610.

l'urine critique est, d'après Double[1], qu'elle soit rendue avec effort et comme avec douleur.

Un flux abondant d'urine juge les hydropisies et les névroses.

Voici un exemple d'ascite jugée de cette manière, que nous empruntons à Sauvages : « *Franciscus reli-* » *giosus, quem hoc ascite (scorbutico) laborantem vidi,* » *sumptis vulgaribus remediis, post sex circiter menses,* » *cum uteretur apozematis antiscorbuticis, interposi-* » *tisque catharticis, contra meam et omnium expec-* » *tationem superveniente urinæ profluvio, liberatus est* » *ab ascite et scorbuto, et convaluit*[2]. » Nous avons vu également un flux abondant d'urine juger en deux jours une anasarque des extrémités inférieures et du bas-ventre, chez un malade de l'hôpital de Nimes, nommé Paulet, couché au n° 4 de la salle Saint-Henri.

L'urine un peu trouble après avoir été claire et ténue, et déposant promptement, est une crise des maladies aiguës, et, selon les uns, le sédiment blanc serait critique dans les fièvres inflammatoires et le sédiment rougeâtre dans les fièvres bilieuses. Les urines à sédiment rouge terminent les accès de goutte[3].

[1] Double; *loc. cit.*, tom. III, pag. 269.
[2] Sauvages ; *Nosol. meth.*, tom. II, pag. 503.
[3] Voy. Rodrigues, *loc. cit.*, pag. 71.

En général, le sédiment critique est cohérent, homogène, blanchâtre ou rosé.

La présence des diverses pellicules n'a pas de valeur critique.

L'énéorème, par sa position, n'est pas non plus un symptôme critique auquel on puisse se fier. S'il se forme avec rapidité et s'il est de consistance légère, l'urine sert de crise, ou du moins annonce la coction.

Quant aux altérations de couleur ou d'odeur qui surviennent dans les urines, ce sont plutôt des signes en rapport avec la gravité ou la bénignité des maladies, que des indices directs d'une crise qui s'accomplit ou qui s'annonce.

Nous n'avons plus à signaler, sous la garantie de Double [1], qu'un dernier caractère des urines critiques, qui serait, comme l'ont vu Joubert, Grati, Morgagni, et De Haen, la présence de petits graviers répandus dans le liquide ou réunis à sa surface. Ces graviers sont friables, ce qui les distingue des calculs de l'urine des néphrétiques.

Les urines critiques sont annoncées par la pesanteur des hypochondres, une tension gravative de l'hypogastre, une sensation de chaleur et de prurit dans les organes urinaires, surtout vers la vessie, et la diminution de l'exhalation cutanée.

7o *Salivation.* — Le ptyalisme est souvent critique;

[1] Double; *loc. cit.*, pag. 269.

on lui remarque cette qualité vers la fin des maladies
aiguës, dans l'angine tonsillaire, la fièvre bilieuse, muqueuse, adynamique, la fièvre lente nerveuse, dans la
manie, les maladies chroniques, les fièvres intermittentes, éruptives.

Double [1] a vu deux rougeoles jugées par une salivation abondante, et ce même phénomène faire céder,
dès sa manifestation, des fièvres quartes rebelles;
d'après lui, Christian Roëper et Xavier Gaston [2] citent
des exemples de fièvres intermittentes guéries par une
salivation critique. On en trouve aussi dans l'histoire
des maladies qui régnèrent à Breslau, en 1700 [3], dans
Werlhoff [4], Bohn [5] et Hoffmann [6]. Sydenham [7] l'a ob-
servée dans la petite vérole confluente des adultes;
mais il ne décide pas si elle est critique dans ces cas,
bien qu'il penche pour cette opinion, « parce que, dit-
» il, j'écris simplement une histoire et ne résous pas
» des problèmes. » Willis [8] l'a vue plusieurs fois dans
les fièvres putrides; enfin Huxham [9] rapporte un cas,

---

[1] Double; *loc. cit.*, tom. III, pag. 85 et suiv.

[2] Roëper et Gaston; *De saliv. critica in morbis acutis et chro-
nicis.* Halle, 1702.

[3] *Hist. morb. Wattis.*, anni 1700, pag. 197.

[4] Werlhoff; *De limitanda febr. laud.*, § 22.

[5] Bohn; *De offic. med. dupl.*, pars I, cap. 15.

[6] Hoffmann; *Dissert. de saliv. inspect.*, § 8.

[7] Sydenham; *loc. cit.*, tom. I. pag. 144.

[8] Willis; *De febr.*, cas. 10, pag. 84.

[9] Huxham; *Opera*, tom. III, pag. 13 et suiv.

d'ictère jugé par un flux abondant de salive verte et
semblable à de la bile.

La salive critique est abondante, visqueuse, assez
analogue à la salivation mercurielle, excepté qu'elle
n'a pas une si mauvaise odeur [1].

8° *Leucorrhée*.—La sécrétion muqueuse des glandes
du vagin et de l'utérus peut avoir quelquefois des qualités critiques. Nous ne sommes pas éloigné de penser
que c'est ainsi qu'il faut considérer les lochies chez
les femmes enceintes ; le danger qui résulte de la
suppression accidentelle ou spontanée de cet écoulement, et le rapport qu'il offre avec la sécrétion du
lait, concordent parfaitement avec la supposition, non
qu'il agit à titre d'émonctoire, comme le veulent les
humoristes, mais que les forces vitales employées à
leur production sont ainsi détournées de manifestations morbides plus dangereuses. La suppression d'une
leucorrhée habituelle ne laisse pas que d'avoir aussi
ses dangers, relatifs surtout aux maladies de poitrine.
Or, il n'est pas difficile d'accorder des qualités accidentellement critiques à un symptôme qui revêt ainsi
celles des crises préventives.

Nous avons pour nous l'opinion de Double. « Les
» fièvres catarrhales endémiques, dans la capitale, dit
» cet auteur, se jugent assez souvent, surtout chez les

[1] Sydenham ; *loc. cit.*, tom. I, pag. 164.

» femmes, à l'aide d'un écoulement muqueux qui se
» fait par les parties sexuelles, et qui ensuite devient
» très-fréquemment habituel [1]. »

9° *Pollutions*. — M. Solier [2], dans une bonne thèse
sur les crises, soutenue dernièrement à la Faculté de
Montpellier, range les pollutions au nombre des crises,
tout en reconnaissant qu'elles assument rarement ce
caractère : nous suivrons ici son exemple. Il faut convenir que les organes génitaux, le plus souvent passifs
pendant la durée des maladies, ne peuvent guère servir
à des conclusions séméiologiques, et ne doivent pas le
plus souvent, puisqu'ils semblent rester en dehors de
toute action vitale, participer aux mouvements critiques; quelques cas font cependant exception, entre
autres celui de Nicippe, dans les maladies d'Hippocrate [3], et celui que rapporte Frank [4], d'un jeune homme
robuste qui fut guéri d'une fièvre maligne à la suite
d'abondantes évacuations de semence.

Mais les pollutions nous paraissent jouer un rôle
critique bien plus évident et bien plus naturel encore
dans les maladies qui sont dues à la continence. Une
continence absolue, chez les individus qui ne sont pas

[1] Double ; *loc. cit.*, tom. II, pag. 274.
[2] Solier; Thèse inaugurale, 1857, pag. 70.
[3] Hippocrate; Des épidémies. liv. IV, 57; éd. Littré, tom. V,
pag. 197.
[4] Frank ; *Epitome de curand. hom. morb.*, tom. V, pag. 254.

14

d'ailleurs sujets à des pollutions spontanées, prédispose, comme on sait, à des maladies inflammatoires
ou spasmodiques. L'établissement de pollutions dans
ces divers cas peut être considéré comme une véritable crise ; non pas que nous regardions la rétention
du sperme comme la cause des troubles survenus dans
l'organisme, trouble qu'il faudrait considérer alors
comme résultats d'une réaction, en excluant ainsi
toute possibilité de crise ; mais parce que ces troubles
fonctionnels sont à nos yeux l'emploi vicieux des forces
destinées à une sécrétion spéciale, et qui trouvent leur
solution quand la fonction s'établit. De la même manière, la suppression des règles provoque une foule
de maladies, dont leur rétablissement est la crise.

Les cas de cette espèce ne sont pas très-rares ; on
en trouve dans Buffon qui ne laissent aucun doute
sur la nature critique de la pollution ; nous en rapportons un d'après Cabanis : « Buffon, dit cet auteur, a
» rappelé l'histoire célèbre d'un curé de l'ancienne
» Guienne qui, par l'effet d'une chasteté rigoureuse, dont
» son tempérament ne s'accommodait pas, était tombé
» dans un délire vaporeux voisin de la manie. Pendant
» tout le temps que dura ce délire, le malade déploya
» divers talents qui n'avaient pas été cultivés en lui ;
» il faisait des vers et de la musique, et, ce qui est en-
» core bien plus remarquable, sans avoir jamais touché
» de crayon il dessinait, avec beaucoup de correction
» et de vérité, les objets qui se présentaient à ses yeux.

» La nature le guérit par des moyens très-simples. Il
» paraît même qu'il sut parfaitement bien, dans la
» suite, se garantir de toute rechute. Mais, quoiqu'il
» restât toujours homme d'esprit, il avait vu s'évanouir,
» avec sa maladie, une grande partie des facultés mer-
» veilleuses qu'elle avait fait éclore [1]. »

10° *Sérosité.* — La sécrétion de matière séreuse,
soit dans les grandes cavités, soit dans les petites
comme les synoviales, soit dans les aréoles du tissu
cellulaire, peut se montrer critique dans diverses circonstances. Cette sécrétion est souvent, par exemple,
le mode de solution qu'affectent les inflammations de
ces diverses séreuses; mais il faut, pour qu'elle ait
réellement ce caractère, que l'absorption ne tarde pas
à faire disparaître un semblable épanchement, sans
quoi il faudrait en attribuer la durée, soit à une maladie nouvelle, soit à la transformation de la première
en maladie chronique. Cette sécrétion de sérosité peut
aussi se montrer critique dans des maladies générales,
ou qui ont leur siége en d'autres points que la région
où elle se produit.

D'après Double [2], l'hydropisie a servi de crise dans
quelques circonstances à la manie, à l'épilepsie; elle
est commune comme terminaison des fièvres inter-

---

[1] Cabanis; *loc. cit*, tom. I, pag. 323.
[2] Double; *loc. cit,*, tom. III, pag. 380.

mittentes. Nous croyons que dans ce dernier cas elle est plutôt symptomatique d'engorgements viscéraux que réellement critique.

Les épanchements de synovie dans les articulations, les hydarthroses, jugent parfois les fièvres typhoïdes.

Enfin, des anasarques partielles de toutes les parties du corps, surtout des mains, du visage, des extrémités inférieures surviennent, comme crises auxiliaires ou le plus souvent imparfaites, dans les fièvres ataxiques, muqueuses, vermineuses, et quelquefois dans la péripneumonie[1]. Sydenham regarde l'enflure du visage au huitième jour, et des mains au onzième, comme indispensable pour la terminaison heureuse des petites véroles confluentes[2], et prescrit même les narcotiques pour la favoriser[3]. On sait aussi que l'anasarque ou même des épanchements sont une terminaison fréquente des autres fièvres éruptives, de la scarlatine surtout, de l'érysipèle et quelquefois de la rougeole.

Rivière[4] cite deux cas bien extraordinaires, qui devraient, s'ils sont réels, se ranger dans cette catégorie : « J'ay appris, dit-il, par des témoins dignes » de foy, que deux femmes hydropiques ont été guéries » en s'étant rongé les ongles des pieds si ras, qu'elles

---

[1] Landré-Beauvais ; *loc. cit.*, pag. 614.
[2] Sydenham ; *loc. cit.*. tom. I, pag. 146.
[3] *Id.*, pag. 167.
[4] Rivière ; *loc. cit.*, pag. 623.

» en coupèrent une petite portion de la chair ; et il
» en sortit quelque peu de sang, qui fut suivi d'une
» distillation de sérosités, ou d'humeur séreuse, pen-
» dant plusieurs jours, et par ce moyen toute l'humeur
» et les eaux contenues dans l'abdomen s'écoulèrent
» insensiblement. »

11° *Flux de larmes.* — L'éruption des larmes termine la plupart des accès d'hystérie et leur sert de
moyen de solution ; l'affection hystérique elle-même
peut se juger par cette crise ; Dumas [1] en rapporte
deux exemples. Il s'agit de deux femmes que les remèdes les plus appropriés n'avaient pu soulager. L'écoulement des larmes put seul diminuer un peu chaque
paroxysme, et finit par décider une solution parfaite
de la maladie.

§ 3. — Crises par éruption.

Dans les fièvres éruptives l'éruption est la crise ,
elle est même une crise par excellence. Son apparition est régulière , survenant à jours fixes , annoncée
par des prodromes, toujours en rapport de forme avec
la nature de l'affection qui la produit , et amenant dès
son apparition un soulagement sensible , une diminution notable dans l'acuité de tous les symptômes. Pour-

[5] Dumas ; *loc. cit.*, pag. 125.

tant, nous dira-t-on, cette période des maladies
éruptives accomplie, l'éruption terminée, complète,
le malade n'est pas hors de danger ; nous sommes
bien forcé d'en convenir, mais la prolongation de la
maladie, la permanence de sa gravité tiennent alors
aux réactions que l'éruption soulève, à la fièvre symptomatique de l'inflammation, qui a son siége à la
peau ; il faut évidemment tenir compte de la nature
de cet élément secondaire, et, pour rechercher la
crise d'une fièvre éruptive, abstraire de cette maladie
complexe tout ce qui n'est pas, à proprement parler,
l'affection varioleuse elle-même.

Quant aux éruptions qui, d'une manière générale,
peuvent se montrer critiques dans diverses maladies,
elles sont peu nombreuses et se reduisent à peu près
à celles que nous avons énumérées dans notre tableau,
et que nous allons ici passer en revue. Les autres éléments de la dermatologie ne fournissent pas d'exemples
de crises, ou au moins ces exemples sont-ils des cas
tout à fait exceptionnels ; nous pensons en effet, avec
Landré-Beauvais [1], que de ces éruptions, les unes sont
seulement symptomatiques, telles que pétéchies, pur-
pura, ampoules ortiées, etc.; les autres sont des maladies distinctes qui viennent en compliquer d'autres
ou simplement leur succéder, comme l'érysipèle par
exemple.

[1] Landré-Beauvais, *loc. cit.*, pag. 609.

Ce n'est pas qu'on puisse rien dire d'absolu à cet égard, les auteurs restant sur certains points encore partagés d'opinion. L'éruption des pétéchies, par exemple, n'est, pour les uns, jamais critique ; Double[1] ne la croit douée de cette qualité que dans de rares exceptions ; Hufeland [2] prétend que les pétéchies ne sont pas critiques et que les taches miliaires le sont quelquefois ; De Haen [3] a émis sur les pétéchies une opinion contraire ; mais dans la réponse que lui adresse Pringle [4], il lui reproche de confondre l'éruption pétéchiale avec la miliaire. Une observation de M. le professeur Lordat sert à expliquer cette divergence. M. Lordat fait remarquer que les hémorrhagies par expansion, ainsi que les éruptions pétéchiales et en général les effusions sanguines qui se font sous la peau, sont précédées d'une anxiété cruelle que leur apparition soulage ; mais qu'il ne faut pas confondre ce soulagement relatif avec un véritable amendement de la maladie. «Il s'ensuit de là, dit-il, qu'on regarde » les taches, les ecchymoses et les effusions sanguines » comme des événements fort heureux, parce qu'elles » sont la crise d'un état pénible. Mais ferait-on toujours » de même, si l'on comparait le mode de santé qui suit » cet orage avec celui qui le précédait [5] ?»

[1] Double ; *loc. cit.*, tom. III, pag. 366.
[2] Hufeland ; Manuel de médecine pratique, pag. 429 et suiv.
[3] Ant. de Haen ; *Theses sistentes febrium divisiones*, etc., pag. 34.
[4] Pringle ; Observ sur les mal. des armées, 1793, pag. 391.
[5] Lordat ; *loc. cit.*, pag. 221.

La gale est dans le même cas ; ses qualités critiques ne sont pas établies. Sarcone[1] cite plusieurs faits qui sembleraient leur être favorables, mais l'apparition de ces vésicules était toujours accompagnée d'autres évacuations critiques.

Les sudamina ne sont aussi donnés par aucun auteur comme un phénomène critique, et nous ne citons qu'à titre d'exception le cas suivant, où nous les avons vus jouer ce rôle d'une façon bien manifeste, et que nous regrettons de ne pouvoir rapporter que de souvenir.

Carnac (Pierre) entre à l'Hôtel-Dieu de Nimes le 20 janvier 1858, (salle Saint-Jacques nº 29, service de M. Reveil), avec une pneunomie de tout le poumon droit, fortement compliquée de l'élément adynamique et dont il fait remonter le début à quinze jours ; oppression considérable, crachats sanglants, fréquence et petitesse du pouls, langue sèche et noire, sueurs perlées et fétides, prostration extrême (vésicatoire sur le côté ; un gramme d'ipécacuanha en infusion). La toux et les crachats s'améliorent, les symptômes typhoïdes s'aggravent ($0^{gr},50$, puis un gramme de digitale en potion additionnée le premier jour de $0^{gr},25$ de kermès). Au bout de huit jours, il se fait une éruption générale de sudamina, les bra-

---

[1] Sarcone ; Histoire raisonnée des maladies observées à Naples, tr. Bellay, 1804, pag. 97.

et la poitrine en sont couverts. Pour la première fois, le malade se dit mieux ; la langue s'est humectée, la prostration est moindre, le pouls est meilleur. L'amélioration se soutient pendant quelques jours ; le 3 février, le malade achète des aliments : rechute ; le 5, douleurs dans le bas-ventre, tuméfaction d'une glande de l'aine qui ne persiste pas ; le 6, diarrhée ; le 7, seconde éruption de sudamina, le malade est sensiblement mieux ; aujourd'hui 10, il est en pleine convalescence et ne se plaint que d'une douleur à la fesse, où va se former un abcès.

Dans l'énumération que nous allons présenter, nous avons cru devoir nous en tenir aux faits qui nous ont paru le plus certains et qui ne peuvent être entièrement regardés comme des exceptions.

1º *Millet*. — L'éruption miliaire peut être critique dans toutes les maladies fébriles aiguës. Hippocrate[1] paraît lui-même l'avoir remarquée, en lui assignant ce caractère judicateur. Hamilton[2] cite un cas où une éruption miliaire fut la crise d'une attaque d'apoplexie. Double[3] l'a vue plusieurs fois revêtue de cette qualité dans des affections rhumatismales ; Camerarius

[1] Hippocrate ; Épid., liv. II, sect. 3 ; éd. Littré, tom. V, p. 103.
[2] Hamilton ; *Tractatus de febre miliari*, 1711, pag. 83.
[3] Double ; *loc. cit.*, tom. III, pag. 358.

et Sæger[1], dans des pleurésies graves. Pringle, dans le passage auquel nous avons fait allusion tout à l'heure, reconnaît que les taches miliaires, « en de » certaines saisons, soulagent le malade et donnent une » tournure générale à la maladie [2]. »

2° *Pemphigus*. — Le pemphigus n'est que rarement critique. Landré-Beauvais[3] ne lui accorde cette qualité que dans les maladies chroniques. Frank[4] l'a vu tel, dans une péripneumonie et dans une affection hystérique violente, chez une religieuse. Finke[5], dans les fièvres bilieuses plusieurs fois ; et, d'après Double[6], M. Stanislas Gilibert donne des exemples de pemphigus critique, dans la péripneumonie, les fièvres bilieuses, catarrhales, malignes, putrides, les rhumatismes, la goutte, l'hystérie et l'anasarque.

3° *Herpès*. — Tout le monde connaît les propriétés critiques de l'herpès et principalement de l'herpès labialis, qui juge si souvent les fièvres éphémères du printemps, ainsi que les fièvres bilieuses et catarrhales, les bronchites et le coryza.

---

[1] Camerarius et Sæger ; *Exercit. de pleuritide maligna milia-ribus critice soluta*, 1755.

[2] Pringle ; *loc. cit.*, pag. 398.

[3] Landré-Beauvais ; *loc. cit.*, pag. 609.

[4] Frank ; *De curand. homin. morb.*, pag. 265.

[5] Finke ; *De morbis biliosis anormalis*, etc., 1780, pag. 117.

[6] Double ; *loc. cit.*, tom. III, pag. 363.

4° *Dartres* et 5° *Teignes*. — Les dartres et les tei.. gnes peuvent être critiques ; mais nous dirons avec Landré-Beauvais[1], qu'elles sont souvent aussi fâcheuses que les maladies auxquelles elles servent de crise.

6° *Aphthes*. — Les aphthes sont quelquefois des phénomènes critiques chez les adultes ; on les trouve avec cette qualité dans les fièvres muqueuses[2] ; Rœderer et Wagler[3] en citent des exemples dans la fièvre de ce caractère qu'ils ont décrite. Plusieurs auteurs, entre autres Grimaud[4], qui s'appuie de Stoll, considèrent les aphthes comme des taches qui seraient aux muqueuses ce que les miliaires sont à la peau, et attribuent à cette identité de nature, la suppléance qu'ils reconnaissent à ces phénomènes dans leur rôle de crises.

§ 4. — Crises par fluxion ou inflammation.

Quand nous avons parlé des crises par hémorrhagie, c'est dans l'effort hémorrhagique lui-même, dans l'acte de l'évacuation sanguine que nous avons placé le mouvement critique ; l'élément fluxionnaire, qui est l'antécédent indispensable de cette évacuation , ne jouait

[1] Landré-Beauvais , *loc. cit.*, pag. 610.
[2] Pinel ; *loc. cit.*, tom. II , pag. 379.
[3] Wagler et Rœderer ; *loc. cit.*, pag. 82.
[4] Grimaud ; *loc. cit* , tom. IV, pag. 33.

alors qu'un rôle secondaire, puisque la solution de la
maladie tenait à l'abondance du sang épanché. Il est
des cas où l'élément fluxionnaire, qui peut exister
pour lui-même, comme un effort spécial et distinct de
l'effort à intention hémorrhagique, peut jouer le rôle
de crise par le mouvement dont il est l'expression.
L'inflammation qui lui succède et la suppuration peuvent revêtir le même caractère. C'est ce genre de
crises dont nous allons passer les exemples en revue.

Disons d'abord, d'une manière générale, qu'on les
rencontre le plus fréquemment dans les maladies graves, malignes et qui traînent en longueur, qu'elles
sont assez vaguement annoncées, qu'elles ne jugent
jamais promptement, qu'elles sont au contraire toujours difficiles, toujours fâcheuses, souvent incomplètes, insuffisantes, et souvent aussi dangereuses ou
funestes.

1° *Parotides.* — Les parotides critiques se rencontrent dans les fièvres ataxiques, adynamiques, pestilentielles. Grimaud[1] les considère comme des moyens
de solution assez ordinaires à la fièvre ardente, mais
cependant peu désirables, et il prescrit d'en accélérer
la suppuration et de les ouvrir le plus promptement
possible. J.-L. Petit[2] conseille en pareil cas l'appli-

[1] Grimaud; *loc. cit.*, tom. III, pag. 346 et 352.
[2] J.-L. Petit; Traité des mal. chir., 1774, tom. I, pag. 112.

cation du cautère sur la tumeur, pour favoriser la crise par la fluxion que l'on provoque de cette manière.

« Si on craint, dit-il, que la tumeur s'évanouisse, on » applique une traînée de pierres à cautère ; la dou- » leur qu'elle cause augmente la fluxion, et retient, pour » ainsi dire, l'humeur maligne ou pestilentielle qui » était disposée à rentrer. »

Rivière[1] cite deux beaux exemples de parotides critiques de fièvres malignes, l'une au onzième, l'autre au vingtième jour.

Un léger frisson, céphalalgie, assoupissement, bourdonnement d'oreilles, pâleur et enflure de la face, respiration difficile, tels sont les signes qui annoncent ce genre de crises. Elles restent d'ailleurs toujours partielles et ont besoin du concours d'autres évacuations, telles que les urines, les selles, les épistaxis, pour accomplir l'acte judicatoire. Souvent imparfaites par suite de l'affaiblissement du malade, elles l'épuisent elles-mêmes par la longueur de la suppuration. Le danger d'une délitescence mortelle sur les poumons, qui les accompagne toujours, concourt à les rendre une crise fâcheuse.

Gaultier, caporal au 3e de ligne, entre, le 1er janvier 1858, à l'Hôtel-Dieu de Nimes (salle Saint-Joseph n° 30), pour un érysipèle de la face, qui avait déjà sept jours d'invasion ; l'éruption se supprime rapi-

---

[1] Rivière ; *loc. cit.*, pag. 240 et 692.

dement et des accidents typhiques se manifestent; le
12, une nouvelle éruption de parotides enraye momentanément les symptômes; le délire cesse, le pouls perd
de sa fréquence et de sa concentration. Mais la fluc-
tuation se faisant attendre et aucun autre phénomène
critique ne venant à l'aide, la gravité des symptômes
reparaît, et le malade meurt le 17.

2° *Adénites.* — Les adénites ou bubons peuvent
être critiques dans la fièvre pestilentielle et la fièvre
typhoïde; ce sont alors les glandes de l'aisselle ou des
aines qui s'enflamment et suppurent. Bertrand[1], dans
sa Description de la peste de Marseille, et le baron
Desgenettes[2], dans celle d'Orient, en ont cité des
exemples.

3° *Abcès, dépôts purulents.* — Les fièvres typhoïdes,
les fièvres éruptives et la plupart des maladies aiguës
graves, quand elles traînent en longueur, peuvent se
terminer par des abcès ou des formations de pus dans
le tissu cellulaire. Galien[3] a dit que les maladies lon-
gues ont coutume d'être jugées par des abcès. Huxham[4]

---

[1] Bertrand; Relation historique de la peste de Marseille en 1720,
1721.

[2] Desgenettes; Histoire médicale de l'armée d'Orient, 1802.

[3] *Galeni in Aph.* {*Hipp.*, lib. 4, xxxvi; *loc. cit.*, tom. VII, col.
121.

[4] Huxham; *De aere et morbis epidemicis*, tom. I, pag. 244.

les a signalés dans les fièvres malignes de 1740; ils
siégeaient alors dans le conduit auditif externe, der-
rière les oreilles et au cou. Stoll [1] cite les abcès des
oreilles comme critiques dans la pleurésie ; Sarcone [2],
Wagler et Rœderer [3] ont également noté des abcès critiques dans les fièvres muqueuses graves.

Nous en avons observé un cas bien dessiné sur le
nommé Petit, fusilier au 3ᵉ de ligne, entré à l'Hôtel-
Dieu de Nimes en décembre 1857 (salle Saint-Joseph,
nº 18), pour une congestion pulmonaire qui fut suivie
d'accès pernicieux, et enfin d'une fièvre typhoïde.
Trois semaines environ après le début des premiers
accidents, il vit se former au pli du coude, à la partie
interne de la cuisse et au dos du pied, des abcès dont
l'apparition lui procura un soulagement marqué et si-
gnala le début de sa convalescence.

Les abcès se montrent aussi critiques dans les maladies chroniques; c'est l'opinion de Dumas [4], qui en
cite plusieurs exemples ; en voici un rapporté par
Baillou : « *Piscator hydrope laborans translata sursum*
» *materia epilepticus fit, sæpius convellitur : abscessu*
» *in testiculos et femora facto liberatus est et hydrope*
» *et epilepsia* [5]. »

[1] Stoll; *Ratio medendi*, tom. VI, pag. 64.
[2] Sarcone ; *loc. cit.*
[3] Wagler et Rœderer, *loc. cit.*
[4] Dumas; *loc. cit.*, pag. 141 et suiv.
[5] Ballonius; *loc. cit.*, tom. I, pag. 21.

Les abcès critiques sont annoncés par des horripi-
lations, des frissons passagers ; des urines claires,
ténues, abondantes, des sueurs partielles, les précèdent aussi. Ils doivent avoir une marche régulière,
rapide et complète, surtout dans les affections aiguës ;
il faut en outre qu'ils se présentent aux époques critiques, et que leur formation apporte un soulagement
sensible. Mais le plus souvent ces abcès, solution attachée à l'état de faiblesse du malade, restent des
crises imparfaites ou contribuent à épuiser ses forces,
déjà si ébranlées ; quelquefois la suppuration devient
intarissable et l'entraîne lentement à la mort ; dans
d'autres cas, c'est par leur siége que ces crises se montrent dangereuses, soit qu'elles entravent d'importantes fonctions, soit qu'elles soulèvent des réactions
mortelles.

4° *Furoncles.* — L'éruption des furoncles est quelquefois critique dans les fièvres aiguës et malignes ;
on sait le bon augure qui s'attache à leur apparition,
dans l'esprit du peuple. M. Rodrigues cite dans sa
thèse l'exemple suivant d'une éruption furonculeuse
critique : « Un jeune homme, atteint d'une fièvre ady-
» namique, était dans un état désespéré ; au vingtième
» jour il se fit une éruption de furoncles sur le dos et
» sur les membres, et la convalescence se dessina quel-
» ques jours après[1]. »

[1] Rodrigues ; *loc. cit.*, pag. 75.

Le nommé Hotlet, fusilier au 3e de ligne, entré à l'Hôtel-Dieu de Nimes en septembre 1857 (salle Saint-Joseph n° 26), pour une dysenterie, fut bientôt atteint de fièvre typhoïde ; trois semaines environ après le début de cette dernière maladie, il fut promptement soulagé par une éruption abondante de furoncles, qui précéda de près sa guérison complète.

5° *Orchites.* — Le gonflement des testicules se montre quelquefois critique dans les fièvres catarrhales. Le docteur Bourges[1] a recueilli trois faits où cet engorgement a présenté au plus haut degré ce caractère. L'engorgement des testicules fait quelquefois céder aussi des affections pulmonaires, comme Hippocrate[2] en cite déjà des exemples.

Voici un cas qui montre une succession curieuse de trois crises des plus rares, et qui est rapporté par Aymen : «A Paris, un jeune homme de 16 ans fut » saisi d'une fièvre continue avec redoublements ; outre » les symptômes ordinaires, la surdité survint le 9 et » dura jusqu'au 17, jour auquel les testicules furent » gonflés. Le malade fut soulagé presque tout à coup, » mais il devint borgne. Cette observation prouve que » la tumeur des testicules produit aujourd'hui, en

1 Journal général de médecine, tom. XXXI, pag. 54.
2 Hippocrate; Épid., liv. I; éd. Littré, tom. II, pag. 603.

» France, les mêmes effets qu'elle procurait, alors, il y
» a plus deux mille ans[1]. »

§ 5. — Crises par mortification.

La mortification d'une partie du corps suppose une
double intervention des forces vitales, qui, l'une et
l'autre, peuvent être considérées comme aptes à servir
d'effort critique. La présence d'une partie mortifiée implique la limitation de la gangrène, l'élimination d'une
escarre, acte pour lequel la nature doit dépenser une
certaine somme de forces. Mais dans le fait lui-même
de la formation de l'escarre, dans l'acte spécial de la
mortification, dans cet abandon que font les forces vitales d'une partie de leur domaine, il y a, ce nous
semble, quelque chose de plus qu'une soumission passive de la part de ces forces ; il y a de leur part une
intervention personnelle, car où serait autrement la
cause de destruction des tissus, dans la gangrène
spontanée? Cette intervention active des forces vitales,
soit pour produire, soit pour limiter la gangrène, est
un double genre d'effort qui, dans ces deux aspects,
peut être critique. Nous voyons dejà des preuves de
cette opinion dans diverses médications instituées par
l'art, et qui ne sont que des crises provoquées. L'application du cautère actuel ou potentiel pour la cure

[1] Aymen ; *loc. cit.*, pag. 84.

de certaines tumeurs et de quelques espèces d'inflammations, peut nous servir d'exemple. Le premier mode
détermine une mortification toute mécanique, à la production de laquelle la force vitale n'a eu aucune part,
et tout le secours qu'on peut en espérer reposera sur
l'emploi de cette force à éliminer l'escarre produite.
Dans le second mode de mortification, par le cautère
potentiel, l'autre genre d'effort vital nous paraît avoir
concouru au résultat; la potasse caustique, en effet,
ne détruit pas la peau uniquement parce qu'elle en
fait un savon, mais la production de l'escarre est due
en partie à l'action directe des forces vitales de la
région intéressée, forces qui agissent en ce sens sous
l'influence de la stimulation qu'elles éprouvent. Ainsi,
dans ce cas, l'application de la pierre à cautère éveille
un autre genre d'action vitale qui servira aussi d'effort
critique.

Pour confirmer ce que nous disons ici de l'influence
critique exercée dans certains cas par la cautérisation,
nous citerons la méthode de traitement employée par
M. Pleindoux, chirurgien en chef de l'Hôtel-Dieu de
Nimes, contre les bubons vénériens, par exemple. La
poudre de Vienne lui procure souvent des résultats
avantageux. Sur un malade de son service, nous avons
fait nous-même l'épreuve comparative entre l'incision
et le cautère potentiel, en ouvrant deux bubons d'égale
dimension et au même point de maturité, l'un par la
poudre de Vienne, l'autre par le bistouri. Le premier

se cicatrisa promptement ;. le second s'ulcéra et présenta longtemps le caractère d'un ulcère atonique.

M. Pleindoux emploie aussi le cautère potentiel dans certains de phlegmons diffus, et nous pourrions citer plusieurs cas où l'inflammation, déjà fort étendue, fut subitement modifiée par cet agent ; mais nous nous sommes déjà trop écarté de notre sujet, et nous avons hâte d'y revenir, en nous occupant des cas où une mortification spontanée peut revêtir des caractères critiques.

1° *Charbons* ou *anthrax*. — Il est assez extraordinaire de voir un symptôme aussi grave par lui-même, et qui, par la rapidité avec laquelle il amène la mortification des tissus, est toujours très-dangereux quand il est extérieur, et presque inévitablement mortel quand il siége sur des organes viscéraux ; il est assez extraordinaire de voir ce même symptôme prendre une signification critique et servir de solution heureuse aux fièvres graves, malignes, pestilentielles ; on en cite pourtant des exemples.

Dans ces cas, l'anthrax, pour être critique, doit être peu étendu, se limiter rapidement et amener une prompte amélioration dans la fièvre et les troubles généraux qui précédaient son éruption.

2° *Gangrène*, et 3° *Sphacèle*. — La formation d'escarres gangréneuses sur diverses parties du corps, et

surtout sur les points qui sont le siége d'une com-
pression ; quelquefois aussi le sphacèle de membres
entiers, sont des accidents le plus souvent symptomatiques et de bien mauvais augure dans les fièvres
typhoïdes et putrides. On a quelquefois constaté cependant que ces accidents servaient de crise à ces
redoutables affections. Sarcone, dans sa relation de
l'épidémie de Naples, Wagler et Rœderer, dans celle
de Gœttingue, n'en donnent que de rares exemples;
Hildenbrandt[1] en signale quelques-uns; Callisen [2],
dans la relation d'une épidémie de fièvre maligne fort
grave, cite aussi des cas de gangrène critique et même
de sphacèle des pieds qui portaient également ce caractère.

ARTICLE II. — Crises sans matière.

Comme, dans l'ensemble symptomatique qui constitue toute maladie, il est difficile de ne pas trouver un
acte plastique, quelque insignifiant qu'il soit ; de même,
dans l'ensemble des phénomènes qui composent une
crise, il est rare qu'on ne trouve pas un mouvement
humoral auquel on puisse, à tort ou à raison, faire les
honneurs de ce titre ; aussi avons-nous rencontré beaucoup d'exemples pour notre premier article, et n'au-

---

[1] Hildenbrandt ; Traité du typhus contagieux, pag. 164.
[2] Callisen ; *Observata quædam circa epidemiam bilioso-nervoso-
putridam*, etc., tom. III, pag. 1.

rons-nous à signaler dans celui-ci que quelques cas exceptionnels. Mais , nous en prenons occasion de le rappeler , à proprement parler, toutes les crises sont sans matière ; l'idée qui domine cet acte est un effort , un emploi quelconque des forces vitales ; c'est là le fait important , fondamental. Maintenant, le résultat de ce mouvement vital , son expression symptomatique et sensible pourra être le plus souvent une évacuation, une assimilation de matière ; nous serons obligé de nous rattacher à cette considération et aux diverses qualités de ces mouvements humoraux, pour établir des distinctions dans la nature même de l'effort qui les produit , mais il faut se garder de confondre l'effet avec la cause , et de confier la qualité de crise au symptôme lui-même , quand c'est la force dont il relève qui en a tout le mérite.

« Tel est , dit Hufeland , le véritable sens du grand
» mot de crise , qui nous vient de l'antiquité la plus
» reculée, enveloppant un sens si élevé et si mystérieux.
» Ce n'est pas l'évacuation critique , le changement
» visible à l'intérieur , qui fait la base des phénomènes
» dont nos sens sont frappés, mais le travail curatif
» intérieur, l'élaboration intime de la maladie , l'œu-
» vre de la force en vertu de laquelle la nature assimile,
» élimine , métamorphose et crée [1]. »

[1] Hufeland ; *loc. cit.*, pag. 3.

1° *Fièvre.* — La fièvre accompagne la plupart des crises avec matière que nous venons de passer en revue , elle y est un des éléments de cet acte médicateur, et c'est à ce titre que les humoristes en ont de tout temps exalté les bienfaits. Après les idées que nous avons émises sur le rôle des humeurs viciées dans les maladies , la discussion relative au rapport qui peut exister entre la coction et la fièvre , perd à nos yeux son principal intérêt ; et, — laissant les uns soutenir d'une part que la fièvre est l'agent nécessaire , indispensable à la digestion des matières peccantes ; et Dumas démontrer d'un autre qu'il n'en peut être ainsi , puisque « les produits de la coction » portent dans chaque espèce de dégénération humo- » rale des traits de différence essentiels et tranchants , » dont la fièvre ne peut dès-lors rendre une raison » satisfaisante [1], » — nous nous bornerons à admettre son effet salutaire, par cette raison qu'elle est un mode d'emploi des forces vitales pouvant, dans certains cas , seule ou concurremment avec une évacuation humorale , affaiblir ou épuiser l'affection qui la produit.

L'apparition de la fièvre dans les maladies étant, en effet, le plus souvent accompagnée d'un mouvement humoral qui assume sur lui le caractère de crise, nous avons jusqu'ici passé sous silence la part qui pouvait

[1] Dumas ; Mémoire sur la fièvre , 1787, pag. 148.

lui revenir dans le mérite de leur guérison. Mais son influence curative ressort avec plus d'éclat, lorsqu'elle concourt au rétablissement de la santé, indépendamment de toute évacuation matérielle qui puisse lui contester sà vertu critique. Ce sont les cas qu'il s'agit d'apprécier ici.

Établissons d'abord que pour donner le nom de crise à une fièvre qui, survenant tout d'un coup dans le cours d'une maladie chronique, par exemple, en interrompt immédiatement les symptômes, il faut, suivant l'idée que nous avons attachée à ces phénomènes curateurs, que le mouvement fébrile, loin d'avoir une existence indépendante, appartienne en propre à l'affection qu'il épuise, qu'il en soit un symptôme au même titre que tous ceux qu'il supprime. Souvent une fièvre, étrangère à la cause qui entretient une maladie chronique, survient dans le courant de cette maladie et l'enraye par la perturbation qu'elle produit, par une véritable métasyncrise ; on trouve dans les auteurs des exemples nombreux de fièvres intermittentes ou éruptives, qui ont guéri des affections chroniques interminables ; dans ces cas, il n'y a pas eu crise, puisque le phénomène de la fièvre n'a pu épuiser et éteindre une force morbide dont il n'était pas la manifestation ; il l'a détruite par antagonisme. Dumas[1], qui cherche à déterminer aussi les cas où la fièvre,

---

[1] Dumas; Doct. gén. des mal. chr., pag. 165.

douée d'une action curatrice, doit être appelée critique,
les distingue à ce que l'état fébrile est formé spontanément. Cette distinction nous paraît vicieuse : car
d'une part une fièvre sollicitée par des moyens artificiels peut bien être critique, si nos moyens n'ont
servi, comme ils le font habituellement, qu'à déterminer les forces vitales, à produire une crise trop
faiblement recherchée ; et, d'une autre, une fièvre qui
survient spontanément peut se trouver, par sa nature,
tellement distincte de l'état morbide détruit à son apparition, qu'on ne peut, la rattachant à cette cause,
la considérer comme sa crise. Fages nous paraît, au
contraire, avoir bien mieux compris cette différence,
quand il dit : « qu'il est des maladies dont la fièvre
» est symptôme et moyen médicateur ; dans ces cas,
» la fièvre combat elle-même sa cause, c'est-à-dire la
» maladie dont elle dépend ; que dans d'autres cir-
» constances, la fièvre exerce accidentellement son in-
» fluence salutaire sur les maladies auxquelles elle est
» étrangère, c'est-à-dire, avec lesquelles elle n'a que
» des rapports de coexistence, car elle est dépendante
» d'une autre affection plus ou moins manifeste [1]. »

C'est surtout dans les maladies chroniques qu'on
voit la fièvre jouer par elle-même le rôle de crise. Les
scrofules, les hydropisies, les rhumatismes anciens,

[1] Fages ; Rech. pour servir à l'hist. crit. et apolog. de la fièvre,
pag. 95.

la goutte et toutes les névroses en présentent des exemples. Hippocrate en a le premier établi l'action dans ces dernières maladies, par son fameux aphorisme : *Febris spasmum solvit* [1].

Nous renvoyons à la thèse de Fages, où l'on trouvera de nombreux cas de guérison, par une fièvre critique, des diverses affections que nous venons de mentionner, et nous nous bornons à en extraire les deux suivants :

« Un ouvrier est pris d'un emprosthotonos, à la » suite de la suppression de la transpiration. La fièvre, » qui suivit de près l'invasion du tétanos, le délivra » bientôt de cette maladie. C. Weber a observé un té» tanos dû à quelques causes analogues, qui survint » chez un jeune homme âgé de dix-neuf ans. Le cin» quième jour, la fièvre survint et amena un amen» dement considérable dans l'état du malade ; elle dis» parut le douzième jour, et l'affection tétanique ne » tarda pas à se dissiper entièrement [2]. »

2° *Convulsions.*— De même que la fièvre fait cesser le spasme, il peut arriver quelquefois que le spasme termine aussi la fièvre et juge les maladies, ou au moins qu'il se joigne aux mouvements critiques de la nature. On trouve dans Sauvages [3] l'observation d'un

---

[1] Hippocrate ; Aph., sect. IV, 57 ; éd. Littré, tom. IV, pag. 523.
[2] Fages ; *loc. cit.*, pag. 283.
[3] Sauvages ; *loc. cit.*, tom. I, pag. 640.

hoquet critique. Dumas[1] cite, d'après Stœrk, un cas
d'anasarque et d'ascite qui semblaient incurables et
qui se jugèrent par des urines et des selles abondantes,
accompagnées de convulsions violentes. « Il faut ran-
» ger parmi les effets critiques du spasme, ajoute ce
» même auteur, ce que j'ai observé chez un hypochon-
» driaque dont la maladie, associée avec une fièvre
» consomptive, tendait rapidement vers une terminaison
» funeste. L'estomac et les muscles abdominaux furent
» saisis d'un spasme violent semblable à la crampe,
» qui, arrêtant les progrès de la fièvre, suspendit ceux
» de la consomption et modifia l'hypochondriacie, de
» manière qu'elle put céder ensuite à l'usage des anti-
» spasmodiques et des tempérants que l'on avait em-
» ployés jusqu'alors sans aucun fruit[2]. »

3° *Sommeil.* — Si le sommeil était un état purement
passif de la vie, il y aurait contradiction à le citer au
milieu des crises; mais il faut donner une autre portée
à cet acte, et voir dans sa production un certain degré
d'activité de la part de la nature. Cabanis, dans son langage d'organicien, émet une pareille opinion : « Le som-
» meil, dit-il, n'est point un état purement passif, c'est
» une fonction particulière du cerveau[3]. » Barthez a dit

---

1 Dumas; *loc. cit.*, pag. 134.
2 Dumas; *loc. cit.*, pag. 159.
3 Cabanis ; *loc. cit.*, tom. II, pag. 107.

également : « *Somnus non est passiva virium prin-*
» *cipii vitalis resolutio, sed activa et determinata ejus-*
» *dem principii functio[1]* ; » et Bacon exprime la même
pensée dans son Histoire de la vie et de la mort.

En considérant le sommeil comme un acte émané
de la force vitale elle-même, qui suspend ses fonctions
plutôt qu'elle ne les laisse anéantir, on conçoit que son
intervention puisse juger un état morbide. Aussi le
sommeil n'est-il pas seulement un état le plus souvent
avantageux, qui favorise l'équilibration des forces dé-
viées, ou qui complète les effets d'une crise salutaire;
mais le sommeil peut parfaitement devenir lui-même
phénomène critique. Nous citons, à l'appui de cette
opinion, le passage suivant de Double:

« Souvent le sommeil est lui-même une crise;
» cela est particulièrement vrai pour les maladies des
» enfants et des vieillards, en général pour les affec-
» tions nerveuses, maladies dans lesquelles on a nié
» l'existence des crises, parce qu'on ne les avait pas
» assez fidèlement observées. Un grand nombre de faits
» viennent à l'appui de cette observation, qui avait
» échappé jusqu'à présent à la sagacité des praticiens.
» Il est remarquable que le sommeil sert de crise, soit
» partielle, soit complète, aux accès ou paroxysmes des
» maladies vaporeuses, lorsque le cours de ces accès

---

[1] Barthez ; *Nova doctrina de functionibus naturæ humanæ.* 1774,
pag. 82.

» n'a pas été troublé, interverti, par une foule de soins
» ou de remèdes mal entendus ; nous avons vu un grand
» nombre d'accès épileptiques se terminer aussi par le
» sommeil, de la même manière que les accès des fiè-
» vres intermittentes se jugent partiellement par les
» sueurs [1]. »

4° *Surdité.* — Grimaud[2] a cité la surdité comme
crise dans les fièvres ardentes ; Sarcone[3], dans l'épidémie qu'il a décrite, a remarqué que cet accident était
critique, lorsqu'il survenait vers le onzième ou quatorzième jour. Baglivi dit : « *Surditas in acutis post*
» *septimum diem cum aliis bonis signis, reconvales-*
» *centiæ indicia præbet* [4]. »

5° La *cécité*, et 6° l'*anosmie* ou perte de l'odorat,
peuvent encore être considérées comme critiques ;
mais ces faits sont trop rares pour que nous fassions
plus que de les mentionner.

---

1 Double ; *loc. cit.*, tom. II, pag. 593.
2 Grimaud ; *loc. cit.*, tom. III, pag. 353.
3 Sarcone ; *loc. cit.*, § 438.
4 Baglivi ; *Op.*, pag. 70.

CHAPITRE VIII.

DES CRISES PHYSIOLOGIQUES.

D'après la définition que nous avons donnée des crises, de même qu'il y a des crises morbides, il peut y avoir des crises physiologiques. Il n'entre pas dans nos plans de traiter ce dernier sujet avec les développements qu'il mérite ; mais nous devons en donner une ébauche, pour ne pas laisser subsister de lacune dans notre travail.

Il n'y a pas une différence radicale entre l'état de santé et l'état de maladie ; dans l'un et dans l'autre, en effet, nous voyons une cause d'une part, et sa manifestation sensible de l'autre : cause identique, normale ou déviée ; manifestation physiologique ou morbide. Rien de surprenant, par suite, que la force vitale procède dans ses actes anormaux qui composent une maladie, comme elle procède dans ses actes normaux qui composent une fonction ; rien de surprenant que nous trouvions une crise pour juger la fraction de force vitale destinée à l'accomplissement d'une sécrétion, par exemple, comme nous trouvons une crise pour juger la somme des forces employées à l'évolution d'une fièvre quelconque.

On peut d'abord envisager l'ensemble d'une fonction

comme la crise de la force qui la produit, de même
que nous avons envisagé la maladie tout entière comme
la crise de l'affection.

Si nous observons maintenant que toute fonction se
renouvelle indéfiniment et semble destinée à juger
perpétuellement une force qui renaît aussitôt qu'elle
est éteinte, nous verrons dans cette loi une ressem-
blance parfaite avec certains faits du domaine morbide, avec les crises préventives périodiques ; ces
dernières aussi semblent préposées à l'extinction in-
fatigable d'un état morbide qui renaît incessamment
de ses cendres. Et, en poursuivant l'analogie, nous
la trouverons encore plus complète ; qu'un de ces
émonctoires se supprime, et la cause morbide qui
l'entretenait et qui se contentait de cette manifestation
insignifiante, troublée dans ses exigences presque inof-
fensives, va se constituer en un état plus grave ; de
même empêchez une fonction, sorte d'émonctoire physiologique, de s'accomplir, et la somme des forces
employées à cet usage, cherchant un autre emploi,
va porter le désordre au sein de nos organes. Aussi,
entre une fonction et un émonctoire naturel il n'y a
qu'un pas ; les hémorrhoïdes chez l'homme sont, sous
bien des rapports, le pendant du flux menstruel chez
la femme, et c'est avec raison que les maladies de
cette nature portent le nom de fonctions morbides.

En restreignant de plus en plus l'idée que nous envisageons, nous pouvons encore considérer le dernier

acte de ces scènes fonctionnelles, grandes ou petites, comme la crise du trouble général qui les précède, de même que dans les maladies nous avons choisi une classe particulière de faits pour leur attribuer spécialement la qualité critique. Nous dirons en ce sens avec Bordeu[1], que l'évacuation sanguine est la crise de la fièvre menstruelle, que l'émission du sperme et le spasme qui l'accompagne terminent les accès de la fièvre séminale. Et voilà pourquoi, comme nous avons eu occasion de le voir, quand ces évacuations critiques ont été supprimées, leur rétablissement peut servir de crise morbide.

Envisageons maintenant la question d'une manière générale. Les révolutions des âges sont également des crises ; elles jugent pour ainsi dire les prédispositions diverses affectées à chaque période de la vie. L'âge de la puberté, par exemple, est la crise naturelle des maladies de l'enfance. « Idée grande et sublime, dit » Dumas[2], dont le germe se trouve dans les ouvrages » des anciens, quoique M. de Bordeu l'ait produite » comme une idée nouvelle. » Le tempérament lymphatique de l'enfance est dû, en effet, à un état spécial de la force vitale qui prédispose à des affections diverses, et l'on conçoit que cette disposition parti-

[1] Bordeu; Analyse médic. du sang ; Œuvres compl., tom. II, pag. 964 et 959.
[2] Dumas ; Mémoire sur la fièvre , 1787 , 119.

culière puisse s'épuiser par les phénomènes qui si-
gnalent le réveil des organes génitaux. «Il paraît alors
» dans toute la constitution, dit Fages, un surcroît
» d'activité des forces vitales qu'on pourrait appeler
» fièvre séminale, qui, par le caractère inflammatoire
» qu'elle présente, tend à effacer ou à détruire la dia-
» thèse muqueuse qui a prédominé jusques à cette
» époque [1]. »

On peut trouver les mêmes caractères à tous les
grands changements qui agitent notre organisme pendant le cours de la vie : la dentition, la puberté, l'âge
de retour, sont tous des crises physiologiques.

La mort, à ce titre, peut être également regardée
comme une crise, elle joue ce rôle par rapport à la
vie tout entière. La mort est, en effet, l'emploi souvent
prématuré de toute la somme des forces qui constituaient la vie, ou plutôt que le principe vital affectait
à son entretien. Elle survient, elle aussi, à son heure
habituelle, quand aucun accident n'a interrompu la
succession régulière des périodes vitales, de même
qu'une maladie voit paraître sa crise à un moment
déterminé de son évolution, quand rien n'en est venu
troubler le cours.

On voit, par ce rapide aperçu, que l'étude des crises
physiologiques peut présenter aussi son degré d'utilité;
pour rendre cette conviction plus complète, qu'on nous

---

[1] Fages; loc. cit., pag. 187.

permette d'emprunter encore ces paroles de Cabanis [1] :

« De cette doctrine des crises découlent, non-seu-
» lement plusieurs indications utiles dans le traitement
» des maladies, mais aussi des considérations impor-
» tantes sur l'hygiène et sur l'éducation physique des
» enfants. Il ne serait peut-être pas même impossible
» d'en tirer encore quelques vues sur la manière de régler
» les travaux de l'esprit, de saisir les moments où la dispo-
» sition des organes lui donne plus de force et de luci-
» dité, de lui conserver toute sa fraîcheur, en ne le fati-
» guant pas à contre-temps, lorsque l'état de rémission
» lui commande le repos. Tout le monde peut observer
» sur soi-même ces alternatives d'activité et de langueur
» dans l'exercice de la pensée ; mais ce qu'il y aurait
» de véritablement utile, serait d'en ramener les pé-
» riodes à des lois fixes, prises dans la nature, et d'où
» l'on pût tirer des règles de conduite applicables,
» moyennant certaines modifications particulières, aux
» diverses circonstances du climat, du tempérament,
» de l'âge, en un mot à tous les cas où les hommes
» peuvent se trouver. Une partie des matériaux de ce
» travail existe ; l'observation pourrait facilement four-
» nir ce qui manque, et la philosophie rattacherait
» ainsi quelques idées de Pythagore, et l'une des plus
» précieuses découvertes de la physiologie ancienne,
» à l'art de la pensée, qui sans doute n'en doit étudier

[1] Cabanis ; *loc. cit.*, tom. I, pag. 17.

» la formation que pour parvenir, par cette connais-
» sance, à la rendre plus facile et plus parfaite. »

CHAPITRE IX.

CONCLUSION, OU DE LA MÉDECINE EXPECTANTE.

On est beaucoup moins surpris d'entendre quelques
auteurs s'opposer à l'existence des crises, que de voir
ceux qui les admettent méconnaître leur conséquence
pratique et déclarer que leur étude toute spéculative
est inutile à l'art de guérir [1]. A nous, au contraire,
cette doctrine paraît une des bases les plus importantes
de la médecine, une des plus grandes ressources du
praticien, et nous allons tâcher de résumer rapidement
les preuves de cette opinion, afin de les faire servir
à la fois de réfutation pour M. Chomel, et de morale
à notre travail.

Pour apprécier le rôle que joue la doctrine des crises
dans le traitement des maladies, il nous faut examiner
quelle peut être l'attitude ou quelles sont les armes
du médecin en présence des affections qui déciment
l'espèce humaine, et voir quelle est la part de la
médecine expectante dans les bienfaits dus à son intervention.

La médecine expectante trouve une première ap-

---

[1] Voy. Chomel; *loc. cit.*, pag. 184 et 391.

plication dans les maladies réactives. Il y a là un stimulus étranger et une intervention médicatrice des
forces vitales : la première indication est d'enlever le
stimulus ; la seconde, quand le stimulus est inatta-
quable, est de laisser agir la nature dans la lutte plus
puissante qu'elle entreprend elle même contre lui,
sauf à la diriger, à régler par tous les moyens en notre
pouvoir les efforts toujours louables, mais souvent
inintelligents, qu'elle lui oppose. Comme les crises
ne sont jamais les procédés que la nature emploie
dans ces occasions, ce point de vue de la question
sort de notre domaine.

Les maladies affectives présentent, elles aussi, deux
éléments, une cause qui est l'état affectif, un effet qui
est l'ensemble symptomatique ; la cause et l'effet sont
les deux adversaires contre lesquels tous les systèmes
ont alternativement essayé leurs forces. Si nous pouvons d'un coup enlever l'état morbide sans qu'il se
manifeste, ou du moins sans qu'il continue à se manifester ; si nous pouvons interrompre le cours des
symptômes en détruisant directement la force morbide
qui les entretient, nous aurons rempli les plus belles
indications de l'art de guérir, nous l'aurons porté au
plus haut degré de perfection qu'il puisse atteindre.
Je dis qu'il puisse atteindre ; car, aurions-nous un
moyen à opposer directement à toutes les maladies qui
déciment l'espèce humaine, selon la promesse de Sydenham, que notre puissance curative ne serait pas

encore absolue ; le spécifique le plus certain n'agit que
par l'intervention de la force vitale, qui se laisse impressionner par lui ; et bien qu'il soit le moyen de lui
imposer le plus directement notre volonté, il n'en reste
pas moins soumis à la contingence inexplicable de ses
impressions. Toutefois, cette intervention de l'art qui
détruit l'affection par un antagonisme direct, par une
mutation affective, selon l'expression de M. Jaumes[1],
sorte d'affection nouvelle directement opposée à l'affection primitive, n'en est pas moins notre ressource
relativement la plus parfaite contre les maladies. Elle
nous tient quitte, en effet, des phénomènes morbides,
phénomènes symptomatiques et critiques à la fois, qui,
les uns et les autres, sont un mal dont il est bon de
pouvoir se mettre à l'abri. Les crises elles-mêmes, dont
nous avons déjà et dont nous allons encore signaler
l'heureuse influence, ne sont un bien, il faut en convenir, que d'une façon relative ; elles sont un désordre
qui amène la guérison, mais elles n'en sont pas moins
un désordre fâcheux en lui-même, et qu'on ne peut
accepter que comme pis-aller. Nous sommes donc, à
ce point de vue, de l'avis d'Hahnemann[2], dont toute
l'éloquence s'épuise à démontrer que les crises dési-
rées ou provoquées par la médecine vitaliste, sont des
sacrifices par lesquels la nature se débarrasse des

[1] Jaumes ; Essai de phar. thér. gén.
[2] Hahnemann ; Expos. de la doctr. homœop., pag. 34 et suiv.

maladies. Hahnemann n'a que le tort de renoncer à ces sacrifices et de laisser l'incendie consumer toute sa proie, faute de savoir faire la part du feu.

Mais si nous ne pouvons détruire directement la cause des phénomènes morbides, il faut avoir recours à d'autres procédés pour nous débarrasser de l'affection. Les moyens qui nous restent à employer contre elle sont les agents thérapeutiques, qui agissent, non pas directement par la modification qu'ils introduisent dans la force vitale, mais par la manifestation de cette mutation affective, par les symptômes morbides thérapeutiques qu'ils provoquent. Ces effets thérapeutiques peuvent être utilisés de plusieurs manières, et nous allons comparer les méthodes qui en résultent.

En recourant à cette médication, nous pouvons avoir d'abord en vue de produire, par un trouble considérable, par un désordre général, une telle distraction des forces vitales, qu'elles oublient pour ainsi dire l'affection dont elles sont l'objet; cette méthode métasyncritique est jusqu'à un certain point rationnelle, car elle cherche à détruire, quoique par un moyen détourné, l'affection morbide qui est notre véritable ennemie; mais les dangers qu'elle soulève, et la façon aveugle dont elle intervient dans la guérison, doivent la faire réserver pour les cas désespérés.

En s'opposant à la manifestation symptomatique, ce qui est un second point de vue de l'intervention que nous analysons, on ne peut avoir en vue que le

symptôme lui-même. Il est des cas où tout le danger
vient du symptôme; l'affection ne tue pas, ou simplement ne nuit pas par elle-même; mais les réactions
seules d'un phénomène qu'elle a provoqué sont mortelles, ou bien les désordres qu'il entraîne sont seuls
dignes d'attention. Dans ce cas, il est logique, si nous
en avons le pouvoir, de juguler ou au moins de combattre le symptôme, sauf à laisser subsister l'affection,
qu'elle doive persister ou qu'elle doive s'épuiser par une
manifestation moins fâcheuse. Il est des cas aussi où
l'affection et le symptôme étant aussi graves l'un que
l'autre, l'homme de l'art, sans action sur la première,
a le droit de s'opposer au moins au second, pour enlever un danger sur deux. Telle est la part de la médecine agissante ; je dis simplement agissante, car elle
se borne à modérer, affaiblir le symptôme, et ne peut
que rarement le supprimer en entier. « Nous croyons,
» dit M. le professeur Golfin[1], que les maladies une
» fois localisées, il est impossible à l'art de les anni-
» hiler ou de les juguler promptement. » Là se réduit
dans tous les cas le rôle de la thérapeutique du symptôme; rôle, comme on le voit, bien restreint et bien
pauvre. Quel autre intérêt avoir, en effet, à supprimer
la manifestation morbide, quand cette manifestation
supprimée laisse subsister une affection qui va la reproduire et le plus souvent avec un surcroît de danger;

---

[1] Golfin ; Études thérap. sur la pharmacodynamie , pag. 124.

quand cette manifestion est, de plus, le seul moyen de
voir l'état morbide s'éteindre et faire place à la guérison ?

Le dernier emploi des moyens thérapeutiques signalés plus haut est destiné à provoquer la nature à l'accomplissement de ses crises ou à la regler dans ses
actes curatifs, méthode faisant partie de la médecine
expectante, qu'il nous reste à signaler.

Il n'y a donc plus qu'une ressource, pour l'homme
de l'art, en dehors de celles que nous venons de passer
en revue et qui sont si rares ou si rarement indiquées :
c'est celle des crises ; l'affection se guérissant par leur
intervention, il n'y a qu'à les laisser se produire quand
elles arrivent naturellement, à favoriser leur succès
quand la nature s'écarte des voies qui y conduisent, à
provoquer enfin leur apparition quand la force vitale
ne paraît pas les rechercher d'elle-même.

« Il n'y a rien, dit Grimaud [1], qui puisse diriger
» d'une manière plus sûre le traitement des maladies,
» que la connaissance exacte des voies de solution
» qu'elles affectent. Si nous connaissons la manière
» dont elles se terminent, nous pouvons faciliter ces
» terminaisons ; nous pouvons même les décider avec
» beaucoup d'avantage, lorsque nous avons des signes
» qui nous instruisent bien sûrement du moment de
» leur imminence, et surtout nous ne troublons pas,

[1] Grimaud; *loc. cit.*, tom. III, pag. 44.

» par l'application indiscrète de nos remèdes, les efforts
» salutaires de la nature. »

Toute la médecine roule donc, on peut le dire, sur
l'importante notion des phénomènes critiques, et, loin
d'en négliger l'observation, le médecin doit spécialement étudier leurs lois et leurs symptômes. Il doit
s'appliquer à les prévoir, pour les favoriser ou les laisser se produire sans obstacle, à connaître les préfé-
rences que la nature témoigne suivant les maladies ou
les malades, pour s'y conformer, et les moyens qu'elle
emploie dans leur production, pour les imiter au besoin. Attendre, quand l'affection suit sa marche normale ; soutenir ou réprimer les forces du malade, enlever en un mot les obstacles qui s'opposent à l'apparition des crises, quand on a reconnu la cause de leur
retard ; augmenter ou modérer les mouvements qui les
constituent, quand elles sont incomplètes ou qu'elles
dépassent le but ; détourner ces mouvements, quand
ils prennent une direction funeste ; enfin, imiter la
nature dans leur production, quand elle reste dans
une inaction dangereuse : telle est donc à peu près la
puissance et la règle du médecin.

Il serait facile de montrer que toute l'intervention
thérapeutique de l'homme de l'art, en dehors des exceptions que nous avons signalées, roule, d'après ses
intentions ou à son insu, sur les règles que nous
venons d'indiquer ; les médications sthéniques ou as-
théniques de toute espèce n'ont qu'un seul résultat,

celui de mettre la nature dans la possibilité d'accomplir ses crises ; le traitement des complications, qui d'ailleurs est souvent fondé lui-même sur l'imitation de la crise affectée par l'élément compliquant, a pour but unique de lever les obstacles qui s'opposent à l'évolution régulière de l'affection principale ; enfin, l'application des révulsifs et des dérivatifs de toutes les catégories , vomitifs, purgatifs , sudorifiques , diurétiques, etc., est destinée à diriger, complèter ou produire une crise favorable. Il est même si exact de reconnaître que l'intervention du médecin dans cette dernière circonstance est indirecte et doit être considérée comme une simple sollicitation adressée à la force médicatrice , que si cette force n'intervient pas elle-même, si l'effet du médicament est employé à produire des efforts aux quels l'affection morbide reste en quelque sorte étrangère, tous les mouvements vitaux exécutés à cette occasion le sont le plus souvent en pure perte, et n'ont pour résultat que l'affaiblissement inutile du malade et l'adjonction gratuite de tous les dangers qu'ils entraînent naturellement avec eux.

Tel est le rôle de la médecine expectante ; son intervention passive est le plus souvent la seule possible dans l'état actuel de la science , et, tant que la promesse de Sydenham ne sera pas remplie, la notion des crises restera presque l'unique ressource du médecin et la seule base de tous ses actes médicateurs. Ce rôle est moins triomphant peut-être que celui qu'ambitionnent les jugulateurs ; mais du moins il arrive au but que ces conquérants ne peuvent atteindre. Dans le combat qui se livre contre les maladies, les armes sont trop inégales pour que la bravoure consiste à marcher droit à l'ennemi ; une capitulation honorable et qui sauve la cause compromise, est tout ce qu'on peut exiger du plus habile général.

FIN.

TABLE DES MATIÈRES.

—·✖·—

TROISIÈME PARTIE.

DOCTRINE DES CRISES.

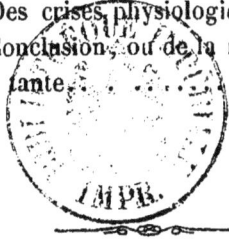

www.ingramcontent.com/pod-product-compliance
Lightning Source LLC
Chambersburg PA
CBHW061009280326
41935CB00009B/898